Mediação do Conflito Escolar

Alvaro Chrispino
Doutor e Mestre em Educação/UFRJ

Raquel S. P. Chrispino
Juíza de Direito – TJ/RJ

Mediação do Conflito Escolar

2ª edição
Atualizada e ampliada

São Paulo, 2011

Copyright © Alvaro Chrispino e Raquel S. P. Chrispino

Capa
Casa Rex

Revisão
Elisa Zanetti
Nathália Dimambro

Editoração Eletrônica
Monique Sena

Coordenação Editorial
Eny Maia

2ª edição – 2011

Dados Internacionais para Catalogação na Publicação (CIP)
(Câmara Brasileira do Livro, SP, Brasil)

Chrispino, Alvaro
A mediação do conflito escolar / Alvaro Chrispino, Raquel S. P.
Chrispino. – São Paulo: Biruta, 2011.

Bibliografia.
ISBN 978-85-7848-079-0

1. Conflitos interpessoais 2. Escolas – Administração e organização
3. Professores e estudantes 4. Psicologia escolar 5. Psicoterapia
infantil I. Título.

11-03619   CDD-370.15

Índices para catálogo sistemático:
1. Conflitos escolares: Superação: Psicologia educacional   370.15

Todos os direitos desta edição reservados à

Editora Biruta Ltda.
Rua Coronel José Euzébio, 95 – Vila Casa 100-5
Higienópolis – CEP: 01239-030
São Paulo – Brasil
Tels.: (11) 3081-5741 e (11) 3081-5739
E-mail: biruta@editorabiruta.com.br
Site: www.editorabiruta.com.br

A reprodução de qualquer parte desta obra é ilegal e configura uma
apropriação indevida dos direitos intelectuais e patrimoniais do autor.

Sumário

1. **Conhecendo o problema: a escola, o conflito, a violência e as políticas públicas** *9*

2. **Conhecendo a solução: o conflito e a mediação de conflito** *37*
    2.1. O conflito *37*
    2.2. Classificações dos conflitos e dos conflitos escolares *50*
    2.3. A mediação de conflito *58*

3. **A mediação no universo escolar** *61*
    3.1. Introdução *61*
    3.2. Reflexões sobre a mediação de conflito e a escola *63*
    3.3. Breve história da solução de conflito e da mediação escolar *69*
    3.4. Vantagens da mediação escolar *71*
    3.5. Alguns exemplos de programas de mediação escolar *73*
    3.6. Resultados possíveis dos programas de mediação escolar *78*
    3.7. Questões norteadoras para um programa de mediação escolar *80*

4. **Uma nova escola: a Escola da Tolerância** *93*

5. **A mediação de conflito e outras políticas:**
tópicos de orientação *101*

    5.1. Aspectos de gestão *103*
        5.1.1. Programa de Avaliação de
              Violência Escolar (Gaustad) *103*
        5.1.2. Como tratar a violência e o violento *105*
        5.1.3. Plano de Ação para Segurança
              nas Escolas – PAS nas Escolas *107*
        5.1.4. Prédios e instalações que previnem
              a violência escolar (Schneider, 2001a) *108*
        5.1.5. Tecnologias na segurança escolar *110*
    5.2. Aspectos de política pública *112*
        5.2.1. Níveis de gestão *113*
        5.2.2. Avaliação do programa *123*
        5.2.3. Instituições envolvidas e suas ações *123*
    5.3. Curso de mediação do conflito escolar *130*

Bibliografia citada *132*

Introdução

Muito se tem falado acerca da violência escolar e da situação difícil pela qual passa a escola.

Os educadores e a comunidade enfrentam todos os dias a dura realidade de perceber que a escola – o espaço do conhecimento e da fraternidade de antes – caminha para se transformar numa grande praça de guerra. A mídia apresenta com fartura os tristes acontecimentos envolvendo professores, alunos e comunidade escolar. A atividade docente, antes considerada atividade singular que se aproximava do sacerdócio, passa a ser uma atividade perigosa, uma profissão de risco.

O problema é verdadeiro e concreto, é amplo e se complica a cada dia. Logo, por conta desta realidade, os formuladores de política pública educacional devem buscar entender as causas do problema e propor ações concretas visando solucioná-lo ou atenuá-lo. É isso que buscamos fazer aqui.

A tese que defendemos é a de que a escola tornou-se de massa e passou a abrigar alunos diferentes, com inúmeras divergências. Habituada a lidar com iguais, a escola não se preparou para essa diversidade de alunos. Por isso, surgem antagonismos que se transformam em conflitos e que podem chegar aos extremos da violência. **Para responder a essa sequência de problemas, propomos a mediação de conflito na escola, não só como alternativa para ela própria, mas também como aprendizado social que pode contribuir para criar uma nova ordem de relação entre os cidadãos.**

Para alcançar esse objetivo, propomos um conjunto de políticas educacionais fundamentadas, que buscam cobrir os diversos aspectos do universo escolar, permitindo a instalação da **cultura de mediação de conflito**. Apresentamos, pois, nossa tese e nossa proposta para análise e discussão como contribuição aos que lidam com esse crescente problema. Os textos foram construídos para desenvolver a ideia mas, também, previmos a possibilidade de atenderem a interesses distintos e, por isso, podem ser lidos e estudados de forma isolada, de acordo com o interesse de cada um.

1. Conhecendo o problema: a escola, o conflito, a violência e as políticas públicas

*D*iz-se, de modo geral, que ocorreram três grandes revoluções que alteraram na raiz a forma de conceber e produzir a educação e o ensino (Brunner, 2000). A primeira delas foi o surgimento da escola como espaço destinado ao ensino, acarretando a sistematização do processo educacional como algo deliberado, especializado e focado. O ensino deixa de ser familiar e difuso para ser institucional e sistêmico.

A segunda revolução surge com a criação dos sistemas escolares públicos. Esse período é marcado pelo surgimento da ação do Estado no processo de transmissão do conhecimento e da cultura. Passa-se do paradigma privado para o público; passa-se do princípio da gestão de muitas escolas diferentes e privadas para o princípio da concentração do ensino por meio de redes de escolas; passa-se do modelo religioso de administrar a escola para o modelo burocrático homogeneizante de controle administrativo.

Concomitante ao surgimento da imprensa, esse período organiza a estrutura escolar em disciplinas e em níveis, e marca o surgimento do código de disciplina escolar.

A terceira revolução, quando ocorrer definitivamente no Brasil, trará consequências vitais para a sociedade. Trata-se da revolução da educação massificada. No Brasil, ela se caracteriza pelo índice médio de 97% de crianças no ensino fundamental – deixamos de tratar de outros temas possíveis derivados desse índice e de seus rebatimentos. Isso pode parecer bom, mas a Suécia tinha só 1% de analfabetos já em 1875. A massificação educacional brasileira ainda fica a desejar se comparada à média mundial: entre 1950 e 1960 a matrícula primária cresceu 50%, enquanto a cobertura dos ensinos secundário e superior dobrou. O fenômeno se repete nas décadas seguintes. O Brasil está apenas começando a viver o fenômeno da massificação da educação.

Esse fenômeno, mesmo que em etapa inicial, suscita algumas reflexões necessárias, que devem ser feitas com um olho no passado – para aprender – e outro no futuro – para antecipar.

Em 1940, os sete maiores problemas criados pelos alunos das escolas americanas eram (Dror, 1999):

1. falar em ocasiões impróprias;
2. mascar chicletes;
3. fazer barulho;
4. correr nos corredores;
5. furar filas;
6. desrespeitar as normas sobre o modo de se vestir e
7. fazer desordem.

A mesma pesquisa foi realizada em 1990, e os sete maiores problemas identificados foram:

1. abuso de drogas;
2. abuso de álcool;

3. gravidez;

4. suicídio;

5. estupro;

6. roubo e

7. assalto.

Logicamente, esses sete problemas têm relação direta e diferente com os três grandes atores envolvidos no contexto da violência: a comunidade, a família e a escola. Trataremos aqui mais diretamente deste último.

É de se esperar que o Brasil, que inicia o processo de massificação da educação, passe por problemas semelhantes àqueles que já vivem os países que massificaram vários níveis de ensino. Hoje, assistimos aqui à repetição dos sete problemas americanos identificados vinte e um anos atrás. Eis as questões: o que está sendo feito para se antecipar ao problema já conhecido? Como se decide hoje com vistas ao enfrentamento corajoso do problema visando superá-lo?

A escola é o espaço que a sociedade acredita ser o ideal para reproduzir seus valores tidos como importantes para sua manutenção. Ocorre que a própria família, em crise e em transformação, passou a delegar à escola funções educativas que historicamente eram de sua própria responsabilidade, o que acarretou uma mudança no perfil de comportamento do aluno. Por outro lado, a massificação da educação trouxe para dentro do universo escolar um conjunto diferente de alunos, sendo certo que a escola atual – da maneira como está organizada e da maneira como foram formados os professores – só está preparada para lidar com alunos de formato padrão e perfil ideal. A massificação ampliou o número de alunos e trouxe um aluno de perfil diferente daquele com o qual a escola está preparada para lidar. Isso acarretou uma desestabilização da ordem interna histórica. Está criado o campo do conflito. Essa é a tese principal que defenderemos ao longo do trabalho. Outros autores (Burguet, 2003; Tavares dos Santos, 2001; Viscardi, 1999), concordando com a tese, indicam que o conflito, e depois a violência, surgem da negação da palavra e do diálogo no espaço escolar. Se vista por essa ótica, a mediação de conflitos é remédio eficaz.

Somados a essa desestruturação da instituição escolar, temos a perda do poder aquisitivo dos professores, a ampliação das redes públicas sem profissionalização de gestores, a cobrança das comunidades sem a existência de canais maduros para a relação escola-comunidade, o desemprego dos alunos-trabalhadores e dos membros das famílias, o descontrole do poder público sobre a criminalidade organizada.

Esse conjunto de fatos endógenos e exógenos à escola cria um grande conflito institucional e um grave obstáculo aos decisores de políticas educacionais. O crescimento da educação brasileira é o resultado esperado a partir de anos de trabalho e, enfim, foi alcançado. Ocorre que, por conta das dificuldades que encontra em razão de sua inadequação para lidar com a realidade educacional contemporânea, a escola não responde às expectativas nela depositadas pela sociedade. Vejamos o que escreve lucidamente Viscardi (1999):

> A violência na escola realiza, de algum modo, um estranho retrocesso. Estranho dado que **a violência é, por definição, a negação da palavra e do diálogo, sendo precisamente o que deveria permanecer fora da escola**. Retrocesso em relação à capacidade do sistema educativo de se ampliar cumprindo com sua função de transmissão de valores e de conhecimento de uma geração a outra. Paradoxalmente, no momento em que o sistema público logra expandir-se a vastos setores sociais e ter uma função educativa integradora, de acesso ao mundo social e do trabalho, a violência parece instalar-se nos locais de ensino, **pondo em questão a capacidade dos sistemas de educação para se transformarem em sistemas de integração social**. (p. 347, grifos nossos).

Desde a primeira edição deste trabalho, em 2002, muitos trabalhos surgiram no Brasil sobre o tema e muitos grupos se estruturaram buscando tornar a violência escolar objeto de estudo.

Defendemos que os problemas novos da violência escolar no Brasil são um problema antigo em outros países como Estados Unidos, França, Reino Unido, Espanha, Argentina e Chile, dentre outros, onde já se percebe um conjunto de políticas públicas mais ou menos eficientes dirigidas aos diversos atores que compõem este complexo sistema que é o fenômeno da violência escolar. Estes países possuem já alguma tradição em programas de redução da violência escolar, como apontam Debarbieux e Blaya (2002). No Brasil, é possível enumerar alguns estudos pontuais até aproximadamente o ano 2000, quando passamos a contar com um número maior de estudos e pesquisas sobre os diversos ângulos da violência escolar como, por exemplo, Abramovay e Rua (2002), Ortega e Del Rey (2002), Chrispino e Chrispino (2002), dentre outros.

Os diversos estudos publicados em língua portuguesa disseminaram ideias, aclararam os problemas e listaram alternativas já testadas em sociedades distintas, permitindo que a comunidade educacional brasileira reunisse informações para enfrentar um problema importante, no esforço de tirar a "diferença" causada por alguns anos de atraso na percepção do problema e na busca de soluções próprias. No rastro dessas iniciativas, a produção acadêmica brasileira já começa a demonstrar bons resultados no tema, apesar de serem encontrados, em 2007, apenas sete grupos de pesquisa no Diretório Lattes quando consultado utilizando as palavras--chave "violência escolar" e "violência na escola". Isso indica que a produção deve estar vinculada a grupos com linhas de pesquisa e temas de pesquisa outros, que absorvem os assuntos correlacionados com o universo da violência escolar.

Experiências importantes vêm sendo realizadas, como a do programa de Mestrado da Universidade Católica de Brasília /

Observatório da Violência, que já produz uma série de pesquisas focadas na violência escolar, mas correlacionando-a com a visão docente (Oliveira, 2003; Oliveira, 2004), com a comunidade (Silva, 2004), com o rendimento escolar (Vale, 2004), com a gestão escolar (Carreira, 2005), com a visão discente (Ribeiro, 2004; Fernandes, 2006), dentre outras. No campo geral do conflito e/ou da mediação, merece destaque a ação de grupos como o Grupo de Pesquisa e Trabalho em Arbitragem, Mediação e Negociação, da Faculdade de Direito da Universidade de Brasília e o Escuelas de Perdón y Reconciliación – ES.PE.RE, difundido pela Pontifícia Universidade Católica do Rio de Janeiro – PUC-RJ.

Gomes (2010) realiza importante levantamento sobre pesquisas exploratórias realizadas no Brasil e no exterior, visando contribuir nos aspectos sociológicos, de gestão e curriculares. Ao final de sua minuciosa narrativa, conclui que:

> A escola é autora, vítima e palco de violência. É autora quando pratica a exclusão social por meio de processos mais ou menos sutis, semelhantes a armadilhas para uma parte dos alunos, produzindo e reproduzindo a exclusão social. É vítima quando seus gestores e docentes são hostilizados, em parte como reflexo da violência que ela produz. É também vítima quando o vandalismo se torna válvula de uma panela de pressão muito aquecida. Por fim, é palco de violência quando no seu ambiente se desenrolam conflitos entre os seus membros e quando se torna também lugar de aprendizagem de violências.
>
> Em lugar da falta de nitidez dos valores sociais e da indefinição quanto a normas e limites, é imprescindível um ambiente de transparência. Mudou o mundo à volta da escola, da mesma forma que mudaram os seus alunos. A escola edificadora da personalidade e integradora, que preenchia os seus discentes como *tabula rasa*, não é mais viável. Seus alunos reagem a essa imposição unilateral, exercem protagonismo e desejam ser coautores do processo educativo.

Tudo leva a crer que o tema tenha ocupado um lugar de destaque na sociedade e academia brasileiras, o que pode resultar na transferência da escola da editoria policial para a editoria de direitos sociais nos grandes veículos de mídia nacional.

Isso posto, consideramos que o assunto deva ser colocado na pauta de prioridades educacionais pelos seus decisores, mais pela solicitação da sociedade que se vê encurralada pelos recorrentes episódios de violência do que pelo compromisso de decisores educacionais para com o restabelecimento do clima escolar como condição indispensável à aprendizagem e ao ensino. Acompanhamos Caballero (2000) quando diz que não é justo culpar a escola pelos problemas de violência escolar – da qual é também vítima –, mas podemos responsabilizar a instituição escolar pelas respostas que dá a estes problemas.

Se desenvolvido a partir da tese apresentada – de que a escola não está preparada para lidar com a massificação e com a existência de alunos divergentes e diferentes, quer no campo da gestão, quer no campo da relação pessoal, quer no campo da aprendizagem e do ensino –, com a respectiva alternativa – a mediação de conflito como prevenção da violência –, o assunto pode sugerir alternativas para a condução do problema na busca de solução possível e factível, afastando propostas miraculosas e de difícil entendimento. Porém, para isso, é importante que fique claro qual o foco que se pretende dar ao conjunto de ações ou política pública.

O primeiro esclarecimento necessário é que a violência escolar é sistêmica e complexa. Por tal razão, não é razoável esperar que seja superada por ações pontuais e espasmódicas, movidas pela comoção de um fato mais contundente que fere a sensibilidade social. Ela pede o desenvolvimento de uma capacidade de antecipação por meio de diagnóstico realista, análise prospectiva, planejamento com capacidade de aplicação, convergência de ações entre os diversos atores para o fim determinado, avaliação de processo e de resultado e, quiçá, responsabilização pelo feito e pelo não feito no assunto. Esse movimento se justifica como política educacional a partir do pressuposto base do Relatório Delors (1998): aprender a conviver, tão bem desdobrado por Braslavsky (2002) e Campbell (2002). Por contemplar a tolerância, o pluralismo, o respeito às diferenças e a paz, o referido pilar educacional centra-se na tomada de consciência e na qualidade do relacionamento por meio da gestão de conflitos e "a consequência de sua omissão poderia ser o aniquilamento de todos os outros esforços despendidos em favor da educação, saúde e desenvolvimento" (UNESCO, 2003, p. 33).

O segundo esclarecimento é quanto à culpa dos problemas atuais. Enquanto ficarmos preocupados em encontrar culpados, pouco progrediremos na busca por soluções. O culpado, inexoravelmente, é o outro. O governo responsável pelo atual estado de coisas é sempre o anterior, se adversário.

A Fundação SM e a OEI – Organização dos Estados Ibero--americanos (2008) apresentaram recentemente o estudo sobre a qualidade da educação sob o olhar dos professores, que ouviu mais de 8.700 professores de educação básica de todo o Brasil sobre questões relevantes tanto para o dia a dia do professor em sala de aula, quanto para o desenvolvimento de políticas públicas na área de Educação. O capítulo sobre convivência escolar é resumido com os seguintes itens:

- A maioria dos professores acredita que **nos três últimos anos aumentaram os conflitos** nas escolas.
- A convivência nas famílias também se deteriorou nos últimos anos, segundo pouco mais da metade dos entrevistados.
- A grande maioria dos entrevistados opina que se **deveria ser mais duro** com os alunos problemáticos.
- Quase 70% dos docentes acreditam que é bom que **a direção possa tomar medidas**, inclusive de **expulsão**, quando ocorrerem conflitos.

- Metade do professores considera que seus **alunos faltam muito** às aulas e que isso provoca problemas de aprendizagem.
- Três quartas partes dos professores acreditam que o absentismo ao trabalho do professorado não é exagerado.

Pode-se perceber que o problema é causado por terceiros. A família se desestruturou, os alunos são faltosos, a direção deve tomar providências mais duras, alunos problemáticos devem ser expulsos etc., caracterizando um movimento projetivo de culpabilização. Não se quer culpabilizar ninguém, mas é certo que a criança e o jovem são aqueles que menos participação têm no fato violento, visto que, mesmo quando promovem a violência, são eles próprios vítimas da mesma violência.

O terceiro aspecto importante é quanto ao momento para o qual se dirigem as políticas. Há propostas de formular políticas para solucionar problemas causados pela violência: expulsar estudantes, aumentar a altura dos muros, instalar detectores de metal, diminuir a idade penal, aumentar os espaços em instituições para menores em conflito com a lei. Este foco, por respeitável que seja, não é o nosso.

Nossa proposta não visa atender às consequências da violência escolar, mas sim alcançar algumas de suas causas de modo a promover sua redução e a construção da Cultura de Paz no contexto da instituição educacional. O jovem envolvido no fato violento não deve ser penalizado antes que as alternativas de diminuição dos fatores predisponentes sejam aplicadas... e isso é função do Estado, da sociedade e da família. A proposta de ação política é fundamentada na prevenção da violência e no desenvolvimento da Cultura de Paz.

A Cultura de Paz é definida como um conjunto de valores, atitudes, tradições, comportamentos e estilos de vida baseados no respeito pleno à vida e na promoção dos direitos humanos e das liberdades fundamentais, propiciando o fomento da paz entre as pessoas, os grupos e as nações (ONU, 1999), podendo assumir-se como estratégia política para a transformação da realidade social.

Vários documentos normativos internacionais da ONU e da UNESCO expressam horizontes, gerais e amplos, sobre os quais há relativo acordo sobre o tema, mas que, conforme sinalizado por Gomes (2001), devem ser traduzidos em orientações específicas no plano de projetos escolares e no plano das políticas educacionais públicas para serem efetivados nas ações escolares. Dusi, Araújo e Neves (2005), enfocando as declarações referentes à construção da Cultura de Paz e o contexto educativo, destacam: a Declaração dos Direitos da Criança (ONU, 1959), a Declaração sobre o Direito dos Povos à Paz (ONU, 1984, nº 39/11), a Declaração sobre a Preparação das Sociedades para Viver em Paz (ONU, 1978, nº 33/73) e a Declaração sobre uma Cultura de Paz (ONU, 1999, nº53/243), todas representando os fundamentos da ONU acerca dos princípios constitutivos de paz[1].

O quarto ponto é a decisão de não tratar de assuntos que estejam fora dos limites da sala de aula, da escola e do sistema escolar. Isso não significa que não conheçamos estes temas ou que não os consideremos importantes. Eles não fazem parte do conjunto de políticas tratadas aqui. Precisamos definir limites e estabelecer focos de ação como propõem Johnson e Johnson (2004), por exemplo, quando escrevem que no esforço de enfrentamento e superação das dificuldades impostas pelo clima de violência é indispensável converter as escolas em ambientes seguros de aprendizagem. Os mesmos autores propõem quatro grandes passos para a implantação dos programas de prevenção da violência:

---

1   Documentos disponíveis em <http://www.onu.org>, acesso em set/2008.

1. Admitir que os conflitos destrutivos estão fora de controle.
2. Elaborar um programa de prevenção da violência.
3. Converter-se em uma organização que valoriza o conflito.
4. Elaborar um programa de resolução de conflito:
   a. Criar um contexto cooperativo.
   b. Desenvolver treinamento em resolução de conflito e de mediação escolar que ensinem os alunos a negociar e mediar, e aos professores a arbitrar.
   c. Aplicar a controvérsia programada para melhorar o ensino.

O último ponto é a estrutura que propomos para o conjunto de políticas. Vamos tratar o tema a partir de três níveis interdependentes, mas com características próprias: o sistema escolar, a escola e a sala de aula. Vamos propor alguns aspectos específicos para a Política de Redução da Violência e Promoção da Cultura de Paz e apresentá-los pela visão da gestão (como fazer) e pela visão da política (o que fazer), bem como listar as possíveis instituições envolvidas (quem faz o quê). O conjunto de ações conforme propomos se dirige ao universo estadual, nível que reúne maior número de instituições capazes de contribuir para o sucesso da proposta, mas plenamente adaptável aos sistemas municipais.

Para estruturar a proposta, que é a cultura de mediação de conflito no universo escolar, indicamos os seguintes itens para agenda de ações governamentais ou políticas públicas, com questões norteadoras:

ASPECTO DE POLÍTICA EDUCACIONAL	ALGUMAS PERGUNTAS NORTEADORAS
A origem do conflito escolar	O conflito na escola é originário exclusivamente do momento de desgaste do tecido social? Existe uma violência escolar de origem endógena?
Como a escola lida com a violência e o violento	Está a escola sensibilizada para a inadequação do modo como trata o aluno? Está consciente disso para se abrir a discussões de mudança?
Reformulação dos prédios escolares para torná-los mais seguros	Os prédios escolares não são de construção recente, na sua maioria. Estamos convencidos de que podemos buscar, nas reformas comuns, adequar lentamente os prédios a uma arquitetura que facilite a segurança do sistema escolar?
Tecnologias de segurança aplicadas ao sistema escolar	Pensamos que os aparatos tecnológicos bastam para diminuir a insegurança nas escolas? Quais suas vantagens e limitações?
Avaliação da violência escolar	Existem mecanismos de registro e controle, para posterior análise, das ocorrências diversas de violência no universo escolar? Dizemos que o problema é grave, mas temos informações verdadeiras e específicas de cada escola para planejarmos as ações? A escola está disposta a fazer uma gestão de conflitos?

Plano de Segurança nas Escolas	Estamos efetivamente preparados para analisar e propor medidas concretas e maduras para o conjunto de fatores que envolvem a segurança no universo escolar? E se o problema acontecer, o que fazer em cada situação?
Plano de ação para a situação de crise de violência	E se, apesar de tudo, a violência em seus vários aspectos acontecer em nossa escola? O que temos que fazer? Quem faz o quê?
Adequação dos currículos ao assunto da violência	Estamos aproveitando o espaço curricular para inserir assuntos que permitam o debate lúcido das questões que envolvem o amplo universo da violência na sociedade? Estamos cativando os alunos e a comunidade para a função de parceiros na não violência?
Mediação de conflito no universo escolar	Estamos aptos a mediar um conflito no universo escolar? Como lidamos com os conflitos entre alunos e alunos, alunos e professores, professores e professores, professores e direção, direção e alunos, escola e comunidade?

Sobre o **primeiro item**, temos que é esperado que a escola sofra as consequências da sociedade onde está inserida. É preciso considerar inclusive o fato de que existe uma relação direta entre um tipo de violência escolar e a criminalidade organizada, segundo constata Zaluar (1996), e que as crianças e jovens que chegam às escolas estão acostumados a resolver seus problemas de forma violenta. Mas, não é só isso. Além de ser uma caixa de ressonância social, a escola possui seus próprios campos de relação e cria conflitos específicos nas relações escola/comunidade, diretor/professor, professor/professor, professor/aluno e aluno/aluno, com características próprias e já conhecidas de alguns estudiosos e de alguns governos que viveram o problema antes de nós. Isso pode, deve e precisa ser antecipado pelos atores envolvidos no processo decisório: governantes, diretores, professores, educadores, pais e alunos.

O problema da importação dos motivos da violência pode ser inferido pelo fato de as escolas apresentarem um padrão geral comum de violência; logo, a origem é extramuros. Mas não podemos esquecer que o que é genérico e global assume desenhos específicos, quer na forma, quer no fundo, o que indica que cada escola tem seu campo facilitador de violência (Aquino, 1998; Schwerter e Lopez, 2001). Isso é reforçado pelo fato de que a violência é maior em escolas maiores, que a escola rural é menos violenta que a escola urbana, que as escolas de periferia possuem índices diferentes. Mas estes estudos não são numerosos a ponto de permitirem generalizações, nem são longos e duradouros a ponto de permitirem análises críticas de seus resultados (ver Sposito, 2001 e Walker, 1995).

Walker (1995) levanta uma importante e interessante questão que mereceria atenção dos profissionais interessados nesta temática: "Como se relacionam a violência na escola e o clima que impera nela?" Schwerter e Lopez (2001), refletindo acerca da experiência chilena em particular, mas com possibilidades de generalização, escrevem sobre a importância do clima escolar:

> No contexto da reforma educativa em curso, o tema da convivência na escola aparece como necessidade da sociedade chilena em geral e do sistema educacional em particular, pois o clima e o ambiente em que se trabalha/estuda condicionam os comportamentos individuais e coletivos em relação à satisfação e ao rendimento. Uma das variáveis determinantes para elevar a qualidade do ensino é o clima no interior da sala de aula e do estabelecimento em geral, pois, se os alunos e alunas estudam em um ambiente pouco acolhedor onde

a violência entre eles e elas produz tensão, terão mais dificuldades para concentrar-se na aprendizagem.

Neste ponto, devemos também considerar o esgotamento emocional vivido pela categoria docente, como resultado desse clima escolar e como promotor de um clima próprio da escola. A profissão docente sempre foi uma profissão perigosa – vide Sócrates ou mesmo os exemplos da ação dos regimes totalitários nas escolas –, mas hoje ela é perigosa por outros motivos: pela violência escolar. A isso se acresce o "mal-estar docente"[2], caracterizado pelos

> efeitos permanentes, de caráter negativo, que afetam a personalidade do professor como resultado das condições psicológicas e sociais em que exerce a docência, devido à mudança social acelerada. (Esteve, 1995)

Um interessante e recente estudo das origens da violência em seus múltiplos aspectos – sociais, organizacionais, relacionais etc. – é coordenado por Míguez (2008), utilizando-se de pesquisas realizadas na Argentina, e contribui para os pontos indicados.

O **segundo aspecto de política** que traz questões interessantes é como a escola lida com a violência e o violento. Historicamente, a escola é o lugar da ordem e da obediência. A função da cátedra não permitia questionamento, daí o surgimento do chamado *livre-docente,* que pensava diferente do catedrático. A gestão escolar sempre privilegiou o aluno padrão que obedecia aos padrões, conforme importante observação de Guimarães (1996):

> A escola, como qualquer instituição, está planificada para que as pessoas sejam todas iguais. Há quem afirme: quanto mais igual, mais fácil dirigir. A homogeneização é exercida através de mecanismos disciplinares (...) Assim, a escola tem esse poder de dominação

---

2   Conhecido como Síndrome de *burnout, teacher burnout* ou *malaise enseignant.*

que não tolera as diferenças, ela também é recortada de formas de resistências (...) Compreender esta situação implica aceitar a escola como um lugar que se expressa numa tensão entre forças antagônicas.

Se isso não bastasse, os alunos que não aceitam, por quaisquer motivos, as normas atávicas impostas, sofrem uma sequência bastante conhecida de punições: são retirados de sala, pois não podem obstruir o bom andamento da aula; depois são suspensos para que reflitam sobre a sua incapacidade de conviver no meio social que possui regras; e, por fim, persistindo o problema situado sempre no aluno, ele é expulso. E no ato da expulsão, a escola assume a sua falência como local de transformação de valores pelo processo de convencimento lúcido. Ela expulsa os diferentes que não se submeteram à forma geral. É o que Rubem Alves chama, num rasgo de intuição superior que caracteriza o gênio, de "fábrica de Pinóquio às avessas". As crianças entram indivíduos e saem padronizados, entram gente e saem "bonecos de pau".

É importante que a escola busque identificar, nas suas práticas comuns, as causas da violência. Um bom exemplo desse exercício é extraído da experiência do Ministério da Educação do Chile[3] (González, 2001), que indica as seguintes causas:

- Os baixos salários e as escassas expectativas que possuem os docentes, os pais e os próprios estudantes com respeito a alguns alunos. Os estudos referentes à imagem preestabelecida sobre estudantes indicam que, ao desvalorizarmos certos alunos, estes se comportarão e renderão como desvalorizados, desenvolvendo uma baixa autoestima;
- A vigência de modelos agressivos na instituição e relacionamentos destrutivos nos grupos de pares (adultos e jovens) que terminam "transbordando";

---

3   *Prevenir situaciones de violencia escolar. Orientaciones para acción.* Ministério da Educação do Chile. Programa MECE. Media, 1999.

- As discriminações, tanto individuais quanto grupais, que estão presentes no interior das escolas (sociais, culturais, étnicas, religiosas, de gênero etc.);
- Um currículo inflexível e pouco significativo para os jovens, o que torna difícil para eles perceber o significado e o valor que tem para suas vidas, afetando a motivação para a aprendizagem;
- A escassa relação entre professor e aluno, o que dificulta o diálogo, o entendimento mútuo e a produção de laços de confiança;
- A humilhação pública sofrida pelo aluno que não obteve sucesso acadêmico faz com que este seja reprovado e termine por abandonar o sistema;
- Também se mencionam temas como o tamanho das escolas e o número de alunos por turma, o que torna mais difícil atender aos estudantes em suas necessidades, interesses ou ritmos próprios, quer dizer, em sua diversidade.

A fim de exemplificar a tese que defendemos, podemos lançar mão da pesquisa de Fernandes (2006, p. 103) realizada com alunos e professores de diferentes escolas do Distrito Federal. Ao solicitar que professores e alunos identifiquem níveis de gravidade de violência a partir de ocorrências cotidianas, percebe-se a divergência de opinião: isto dá origem a conflitos (Chrispino, 2008). Vejamos alguns exemplos:

ATITUDES	ESCOLA 1 — PÚBLICA		ESCOLA 2 — PRIVADA	
	OPINIÃO DISCENTE	OPINIÃO DOCENTE	OPINIÃO DISCENTE	OPINIÃO DOCENTE
Aluno bate em colega menor	47,4 (média)	64,6 (alta)	51,6 (alta)	61,2 (alta)
Briga entre alunos	38,1 (média)	60,5 (alta)	52,9 (alta)	55,8 (alta)
Toque de mão no colega com sentido sexual	32,0 (média)	60,5 (alta)	27,2 (baixa)	54,9 (alta)
Insulto de aluno a aluno	32,0 (média)	56,5 (alta)	31,8 (média)	54,9 (alta)

Consideram-se altas as taxas entre 68 e 48, médias as taxas entre 47 e 31 e baixas as taxas menores que 30.

Podemos esperar que, pela diferença entre as opiniões, haja conflito no espaço escolar. Um conflito criado pela diferença de conceito ou pelo valor diferente que se dá ao mesmo ato. Professores e alunos dão valores diferentes à mesma ação e reagem diferentemente ao mesmo ato: isso é conflito. Como a escola está acostumada historicamente a lidar com um tipo padrão de aluno, ela apresenta a regra e requer dos alunos enquadramento automático. Quanto mais diversificado for o perfil dos alunos (e dos professores) maior será a possibilidade de conflito ou de diferença de opinião. E isso em uma comunidade que está treinada para inibir o conflito, pois este é visto como algo ruim, uma anomalia do controle social. Logo, é indispensável a explicitação do que seja conflito e das regras de disciplina e de convivência que caracterizam uma escola.

Se já não bastassem estas preocupações, devemos lembrar a existência do Estatuto da Criança e do Adolescente e suas indicações para com a violência no espaço escolar envolvendo, de alguma forma, crianças e adolescentes. Frota e Silva (2000) faz importante relação entre a violência escolar e atos infracionais, exemplificando com dados colhidos em pesquisa realizada na cidade de Belém do Pará.

O **terceiro ponto proposto como política educacional** é a adequação dos prédios escolares para que eles possam favorecer a segurança escolar. É sabido que os prédios escolares, em sua maioria, foram construídos tempos atrás. Muitos deles se originaram de pequenas escolas, das quais foram sendo demandados novos atendimentos e que foram se ampliando. Essa ampliação se deu, muitas vezes, por conta da necessidade ou por falta de planejamento. Sem falar no triste fato de que a inexistência de tradição em planejamento educacional e análise de cenários futuros leva os governos a adaptarem prédios públicos ou privados comprados apressadamente para abrigarem uma demanda de alunos que dizem ter surgido "do nada" às portas do poder público. Esses prédios podem ser melhorados, mesmo que lentamente, nos quesitos pátio, estacionamento, entradas e saídas, luminosidade, "pontos mortos" etc.

A proposta de adequação das estruturas físicas que abrigam escolas visando à segurança será uma preocupação inovadora nos meios educacionais brasileiros, mas, de novo, é uma preocupação antiga em alguns países. Nos EUA, existe o CPTED – *Crime Prevention Through Enviromental Design* ou "Prevenção do Crime por Meio do Desenho Ambiental", assim como no Chile há a Comissão Nacional de Segurança Escolar e no Canadá temos o CCPC – *Canadian Crime Prevention Center*, para citar apenas alguns.

Schneider (2001a) faz uma interessante apresentação de quatro pontos que devem ser considerados elementos centrais do programa de prédios seguros:

1. Vigilância natural: aproveitamento dos espaços para que

se possa ver e acompanhar as ações ocorridas no universo escolar;

2. Controle de acesso: criação de política de acesso e trânsito interno, bem como estudo dos locais onde estão as entradas e saídas dos prédios escolares;

3. Territorialidade: a necessidade de a escola demarcar seu território, seu "espaço de autoridade" onde as regras estarão explícitas e claras;

4. Pertencimento: sentimento de que o aluno pertence à escola, de que faz parte dela, de que tem *a ver* com ela.

O **quarto item das políticas necessárias** refere-se às tecnologias que podem ser indicadas para aumentar a segurança nos espaços escolares. Com certeza, por mais que possamos imaginar que os aparatos tecnológicos cumprem um papel de destaque na segurança, é importante que conheçamos os seus limites para que não tenhamos uma falsa sensação de segurança. A introdução de aparatos de segurança não elimina as possibilidades de violência, muito menos de conflito. Pode, sim, aumentar este último, uma vez que cria maior afastamento entre os atores educacionais e interfere na "ecologia escolar" de forma bastante significativa. Schneider (2001b) enumera as chaves ou cartões magnéticos, os detectores de metal (portais, giratórios e manuais), os alarmes e as câmeras de vídeo. Todos possuem pontos positivos e negativos.

O **quinto ponto importante no conjunto de políticas educacionais** é a criação de um instrumento de avaliação da violência escolar, ou antes, o desenvolvimento de uma cultura de acompanhamento real da violência escolar. Na verdade, como são temas expurgados do universo escolar, o conflito e a violência não são tratados como objetos de estudo e, por tal, não existem dados fidedignos sobre eles para cada escola ou região. Esses fatos não são registrados como devem e, por isso, não se conhece exatamente contra o que se luta. O conhecimento sobre a escola e sobre o *inimigo* a vencer é indispensável. Já ensinava Sun Tzu, em *A Arte da Guerra*:

> Se você conhece o inimigo e conhece a si mesmo, não precisa temer o resultado de cem batalhas. Se você se conhece, mas não conhece o inimigo, para cada vitória ganha sofrerá também uma derrota. Se você não conhece nem o inimigo nem a si mesmo, perderá todas as batalhas.

Temas como a avaliação institucional têm a função derivada de obrigar os membros da comunidade pesquisada a conviver com o assunto, mesmo que isso os incomode. Nessa discussão e autoexposição ao tema expulso das conversas, será possível identificar as ocorrências, o perfil dos envolvidos, o contexto em que aconteceram etc. Tavares dos Santos (2001), pesquisando a violência escolar em Porto Alegre, apresenta um bom exemplo de categorização das ocorrências, que podemos adequar para:

- Ações contra a pessoa,
- Ações contra o patrimônio público,
- Ações contra os bens alheios e
- Incivilidade.

Já Serrano Sarmiento e Iborra Marmolejo (2005), pesquisando alunos espanhóis, categorizam as ações violentas entre alunos como:

- Maltrato físico: ações que, voluntariamente realizadas, provocam ou podem provocar danos ou lesões físicas.
- Maltrato emocional: ações (normalmente de caráter verbal) ou atitudes que provocam ou podem provocar danos psicológicos.
- Negligência: abandono ou não realização das obrigações e cuidados com a pessoa.
- Abuso sexual: qualquer comportamento em que uma

pessoa é utilizada como meio para obter estimulação ou gratificação sexual.

- Maltrato econômico: utilização ilegal ou não autorizada dos recursos econômicos ou das propriedades de uma pessoa.
- Vandalismo: violência dirigida a propriedades com a intenção de provocar sua deterioração ou destruição.

Na avaliação institucional da violência, deve estar presente a preocupação de deixar claro o quadro de regras, sem que isso atente contra a boa convivência. Schwerter e Lopez (2001) informam com muita propriedade que:

> Quando uma escola se organiza a partir de um sistema de convivência em que estão claras as normas de respeito de uns pelos outros e também o cumprimento do direito de todos sem abusos, os episódios esporádicos de violência que existirem acontecerão como algo eventual e controlável. Mas se a forma predominante de organização for o modelo domínio-submissão, a socialização incluirá a agressividade, o abuso e os maus tratos como atos comuns e inevitáveis do processo.

O **sexto componente das políticas preventivas** é a criação e implantação de um Plano de Segurança nas Escolas – PAS nas Escolas. Este é o momento crucial em que os membros do universo escolar vão falar sobre o conflito e a violência, e mais: vão antecipar os possíveis episódios de conflito e violência e, por conseguinte, deverão identificar as alternativas para conviverem com o problema, eliminando o elemento surpresa. O PAS nas Escolas consiste num plano operacional que responde a todas as possíveis ocorrências de conflito e de violência na escola. Deve ser preparado num processo coletivo que envolva diretores, professores, alunos, comunidade e agentes públicos.

Essa atividade pode se dar a partir de preocupações cotidianas tidas como simples, mas que são de grande importância, como a política de acesso à escola. O jornal *O Globo*[4] organizou uma matéria a partir da tentativa de um jornalista de entrar em trinta escolas públicas e privadas da cidade do Rio de Janeiro. Em vinte delas, o jornalista conseguiu entrar, tomar lanche nas cantinas, entrar nas salas, conversar com alunos etc. Em apenas dez delas ele foi parado, ou identificado, ou acompanhado na sua passagem pela escola. Eis aí o quanto estamos despreparados para lidar com essas ideias – da segurança nas escolas – e o quanto somos ingênuos na administração cotidiana da segurança da escola.

Não podemos esperar que esse trabalho seja fácil e que dê frutos em curto prazo. Não podemos exigir do coletivo de professores e alunos que produzam resultados com acerto sobre um tema que é praticamente inexistente no meio acadêmico brasileiro, em geral descomprometido com as necessidades da sociedade. Sobre este hiato, escreve Sposito (2001):

> Apesar do intenso debate público em torno da violência e de sua relação com os segmentos juvenis quer como protagonistas, quer como vítimas, as equipes de pesquisadores demoram a assimilar no conjunto de seus interesses o tema das relações entre violência e escola. Verifica-se, também, nesses últimos vinte anos, a inexistência de um programa nacional de investigações sobre violência escolar proposto pelo Poder Público através de suas agências de fomento à pesquisa. No entanto, se é preciso reconhecer a fraca indução por parte dos organismos públicos, não é possível desconsiderar, também, que o interesse acadêmico pela questão é ainda bastante incipiente.

O **sétimo tópico de política** está intimamente ligado ao anterior. É como o capítulo final do mesmo livro. Antes, fomos cha-

---

4 *O Globo*, de 23/06/2002, p. 30, matéria de Ruben Berta e Túlio Brandão.

mados a planejar o que deveríamos fazer em cada hipótese. Imaginemos que o pior aconteceu. Vivemos a experiência da violência em nossa escola. E daí? Como devemos agir? Que agentes públicos devem ser acionados para que o problema deixe cicatrizes menores?

O **oitavo item da lista de políticas educacionais** preventivas é a utilização do currículo como instrumento de transformação do estudante rumo à posição de não violência. Infelizmente, assim como a morte, a violência e o conflito são temas banidos do universo escolar ou mesmo do universo social. Apesar de a morte chegar para todos. Não estamos propondo a irresponsável ação de criar mais uma disciplina para o já saturado currículo escolar. Estamos lembrando que há espaço no universo curricular para se discutirem as causas e consequências da violência aproveitando os assuntos próprios de cada disciplina. O que precisamos é que os professores estejam sensíveis a isso e aparelhados para os debates decorrentes. Não estamos propondo debates sobre o "aluno violento", o que poderia se transformar em ladainha e tentativa de amoldar o diferente às regras generalizantes historicamente impostas pelo aparato de poder da escola.

Não podemos esquecer jamais que crianças e jovens aprendem também por imitação. Diz Walker (1995) – assim como Schwerter e Lopez (2001) –, comentando texto do *Committee for children* (1989), sobre a possibilidade de os alunos aprenderem a não violência e sobre os currículos que pretendem ensinar habilidades pró-sociais, que eles

> se baseiam na crença de que o comportamento violento se aprende através de modelos e reforço e que estes mesmos processos podem ser usados para ensinar às crianças a não violência.

Um exemplo bastante próximo de nós e que reforça essa ideia é o projeto desenvolvido pelo governo do Chile[5].

Neste ponto, devemos considerar a pertinência do que se ensina e o respeito que devemos ter com a limitação daqueles que nos assistem na atividade docente. Estudar alguma coisa (ou melhor, muitas coisas!), que não se consegue saber por que nem para quê, e perceber que o professor está suportando a atividade docente, dando pouco ou nenhum valor às limitações dos alunos, não são bons exemplos de utilização do espaço curricular visando melhorar o clima escolar e criar a cultura de mediação.

Enfim, chegamos ao **nono item da lista de políticas educacionais** que buscam prevenir o conflito e a violência. Este item é a mediação de conflitos. Os infelizes acontecimentos nas cidades alemãs de Erfurt e Freising, e antes delas nas cidades americanas de Grundy (Virginia), Littletown (Colorado) e Jonesboro (Arkansas), onde alunos mataram professores e colegas, são reflexos de uma sociedade violenta, sim. Mas, antes de tudo, resultam dos conflitos próprios da escola, que podem e devem ser antecipados, a fim de se encontrarem remédios eficazes como, por exemplo, a capacitação de diretores, professores e alunos para a **mediação de conflitos**, conforme já realizado em outros países, tais como EUA, França, Espanha, Bélgica, Chile e Argentina, principalmente.

O que temos percebido recentemente na mídia – morte de professor por estudante, morte de estudante por outro estudante, escolas fechadas pelo crime organizado, pais amedrontados nos horários de aula e outros tantos eventos similares – é o início de um conjunto infeliz de acontecimentos envolvendo o universo escolar. A pesquisa sobre os sete problemas americanos serve para os nossos problemas e para alertar as autoridades decisórias sobre

---

5   Disponível em <http://www.mineduc.cl/biblio/documento/934_CONVIVENCIA.pdf>, acesso em 23/05/2009.

o cenário futuro. Mas para que não nos falte esperança, é importante lembrar que, apesar das tragédias envolvendo as escolas e estudantes americanos, ainda é mais seguro dentro delas do que fora delas: apenas 1% das mortes envolvendo estudantes americanos ocorreram no espaço escolar, no caminho para a escola ou em eventos educacionais oficiais.

É indispensável que diretores e professores sejam preparados para lidar com os "diferentes" – quer no ensino, quer na avaliação, quer na relação; que sejam instrumentalizados para identificar o conflito antes de seu surgimento e preparados para mediar o conflito quando de seu estabelecimento. A mediação de conflito seria semelhante à figura da "terceira pessoa" que é capaz de entender os dois lados conflitados e conduzir a discussão para que percebam um o entendimento do outro.

E, acima de tudo, governantes e educadores devem estar atentos para o fato de que o conflito não é o inimigo da "ordem" que sempre imperou na escola. O conflito é o resultado dos "diferentes e das diferenças" que hoje já podem conviver no espaço escolar. Logo, devemos aprender a lidar com essa situação irreversível, antecipando decisões a fim de que, quando o problema surgir mais fortemente, estejamos aptos a lidar com ele. Essa proposta não está solta ao vento. Grande parte dos autores que falam de conflito e violência escolar apontam para o diálogo, a convivência ou a mediação de conflito como alternativa (Prawda, 2008; Sales, 2008; Johnson e Johnson, 2004; Vinyamata, 2003; Ortega e Del Rey, 2002; Casamayor, 2002; Sposito, 2001; Tavares dos Santos, 2001; Alcaide, Ravenna e Guala, 2001; Aldenucci, 2001; Viscardi, 1999; Gaustad, 1999; Six, 1997; Girard e Koch, 1997; Duffy *et alii*, 1996; Walker, 1995; dentre outros).

A escola de antes era a escola dos "iguais". A escola de massa e do futuro será a escola dos "diferentes" e da diversidade – o que pede uma gestão escolar apropriada, a partir da visão do futuro que nos aguarda.

E mais: na atualidade, a sociedade está solicitando da escola mais do que era feito antes pela família e pela própria ordem social. A sociedade continua necessitando de formação moral e socialização; por tal motivo, a ordem social pede à escola que faça muito mais do que fazia no passado (Schwerter e Lopez, 2001).

Essa nova escola, que precisa começar a ser construída hoje, será a Escola da Tolerância.

2. Conhecendo a solução: o conflito e a mediação de conflito

2.1. O conflito

O conflito não é um desconhecido para nós. Todos nós que vivemos em sociedade, de uma forma ou de outra, já tivemos a experiência do conflito. Talvez não tenhamos parado para refletir sobre isso, mas o conflito é nosso companheiro de jornada mais próximo. Desde os conflitos próprios da infância, passamos pelos conflitos pessoais da adolescência e, hoje, visitados pela maturidade, continuamos a conviver com o conflito intrapessoal (ir/não ir, fazer/não fazer, falar/não falar, comprar/não comprar, vender/não vender, casar/não casar etc.) ou interpessoal, sobre o qual nos deteremos. São exemplos de conflito: a briga de vizinhos, a separação familiar, a guerra e o desentendimento entre alunos.

Conflito, como defendemos, é toda opinião divergente ou maneira diferente de ver ou interpretar algum acontecimento. A partir disso, todos nós que vivemos em sociedade temos a experiência do conflito. Poderemos buscar, numa adaptação de Redorta (2004, p. 33), grandes exemplos de conflito nos conhecidos movimentos de rompimento de paradigmas:

AUTOR	TIPO DE CONFLITO	PROCESSO RESULTANTE	SÍNTESE
Freud	Conflito entre o desejo e a proibição	Repressão e defesa	Luta pelo dever
Darwin	Conflito entre o sujeito e o meio	Diferenciação e adaptação	Luta por existir
Marx	Conflito entre classes sociais	Estratificação social e hierarquia	Luta pela igualdade
Piaget	Conflito nas decisões e experiências	Aprendizagem e resolução de problemas	Luta por ser

O conflito, pois, é parte integrante da vida e da atividade social, quer contemporânea, quer antiga. Ainda no esforço de entendimento do conceito, podemos dizer que o conflito se origina da diferença de interesses, de desejos e de aspirações. Percebe-se que não existe aqui a noção estrita de erro e de acerto, mas de posições que são defendidas frente a outras, diferentes.

Um exemplo claro da dificuldade que temos para lidar com o conflito é a nossa incapacidade de identificar as circunstâncias que derivam do conflito ou redundam nele. Em geral, nas escolas e na vida, só percebemos o conflito quando este produz suas manifestações violentas. Daí podemos tirar, pelo menos, duas conclusões: a primeira é que se ele se manifestou de forma violenta é porque já existia antes na forma de divergência ou antagonismo, e nós não soubemos ou não fomos preparados para identificá-lo; a segunda é que toda vez que o conflito se manifesta, nós agimos para resolvê-

-lo, coibindo a manifestação violenta. E neste caso, esquecemos que problemas mal resolvidos se repetem.

Por isso, podemos dizer que, se não nos perguntam, sabemos o que é conflito, mas, se nos perguntam, aí já não sabemos o que seria. Por estar muito próximo de nós e por trazer, em alguns casos, uma conotação negativa herdada, temos dificuldade em conceituá--lo e mesmo dar-lhe limites. Vamos tentar defini-lo e caracterizá-lo melhor.

Os autores contemporâneos conceituam conflito de forma muito semelhante (Coser, 1996; Pasquino, 1997; Murguia, 1999; Torrego, 2001; Vinyamata, 2003). Conflito é uma disputa que envolve posições diferentes em termos de opiniões, valores, *status*, poder e recursos escassos.

O conflito pode ocorrer entre duas ou mais pessoas, entre pessoas e grupos, entre grupos, entre pessoas e organizações, entre grupos e organizações[6]. Por tal, podemos dizer que o conflito faz parte do processo comum de interação de uma sociedade aberta. Por conta deles – os conflitos –, diferenças se apresentam e podem ser resolvidas, antagonismos se manifestam e podem ser superados.

Em sociedades abertas e pluralistas, os conflitos tendem a assumir uma **função estabilizadora,** e poderemos encontrar pessoas conflitantes em torno de um tema mas que sejam parceiras em um segundo tema, resultando no **exercício salutar das discordâncias e alianças**, sempre retornando ao estado de equilíbrio que caracteriza a sociedade para, depois, reassumir outras posições de conflito e estabelecer novas alianças. Dessas idas e vindas resulta a transformação social.

Logo, não devemos confundir conflito com violência. Apesar de ambos estarem relacionados, não são sinônimos (Belmar, 2003).

---

6   Por conta do foco deste trabalho, deixamos de considerar o aspecto intrapessoal ou psicológico, que trata da existência de conflitos no universo íntimo do indivíduo.

Fatores objetivos e subjetivos

Os conflitos podem apresentar, segundo Caser (1996), bases objetivas (renda, *status*, poder etc.) e bases subjetivas (hostilidade, agressividade etc.). É necessário diferenciar conflito de sentimento hostil. O conflito tem relação com fins concretos buscados pelos adversários em disputa. Vejamos alguns exemplos:

FATORES OBJETIVOS	FATORES SUBJETIVOS
Aumento de salário	Prestígio
Controle de terra	Honra
Custódia do filho	Hierarquia
Chefia do grupo	Reconhecimento

Podemos dizer que o conflito explicita um interesse e esconde uma percepção que gera um ganho pessoal não apresentado e muitas vezes desconhecido pelo próprio envolvido no conflito.

Conflito realista e não realista

A distinção entre estes dois tipos de conflito gera uma interessante diferença no resultado concreto da mediação.

Quando temos um conflito objetivo, ele é realista, é concreto. Se é concreto e realista, é possível que os envolvidos no conflito aceitem alternativas mais eficientes que permitam alcançar seus objetivos definidos realista e concretamente. Os envolvidos negociam os melhores meios para chegarem ao fim desejado.

Quando o conflito é não realista, em geral está em jogo um fator subjetivo, um sentimento hostil, um preconceito. Coser (1996) dá um brilhante exemplo, lembrando o "bode expiatório".

Aqui o objetivo é o "meio", e este não pode ser mediado. Neste caso, o que se tem é a substituição do "alvo" (aquele que foi escolhido como "bode expiatório"). São exemplos disso os infelizes acontecimentos envolvendo a disputa entre grupos étnicos, grupos religiosos, grupos de gênero etc.

Características dos conflitos

Segundo Pasquino (1997), os conflitos podem ser distinguidos por algumas características:

- Dimensão: indica o número de participantes de forma absoluta ou relativa comparando-o com o número potencial de participantes do conflito. Por exemplo, greve de todos os trabalhadores de todas as empresas do setor; ou greve de alguns trabalhadores de todas as empresas; ou greve de todos os trabalhadores de algumas empresas etc.
- Intensidade: indica a intenção ou capacidade dos envolvidos para resistirem até as últimas consequências (busca de fins não negociáveis) ou abrirem espaços para mediações. A violência não é o extremo da intensidade. A violência é a ruptura dos eixos que suportam o conjunto social onde se dá o conflito; é a negação da regra; o esquecimento das normas estabelecidas e até então existentes e aceitas por ambos os lados;
- Objetivos: existe o conflito que *obedece às regras* e existe o conflito *sobre a regra* social estabelecida. O primeiro provoca ajustes e reformas *no* sistema social estabelecido. O segundo, possivelmente, provocará uma ruptura no sistema ou uma revolução. O primeiro promove movimento e inovação. O segundo provoca caos e estagnação para, depois, instituir um novo modelo social que, conceitual e necessariamente, produzirá seus próprios conflitos.

Elementos do conflito

Existem algumas maneiras de analisar o conflito e seus elementos. Pasquino (1997) faz um profundo estudo sociológico e político do conflito, mas que foge ao objetivo deste trabalho. Por sua vez, Serpa (1999) também constrói uma análise pessoal e detalhada. Dentre os autores que se dispõem a estudar o conflito a partir de seus elementos, o que mais nos pareceu didático e pertinente é Torrego *et alii* (2001), cuja estrutura é apresentada como base a seguir:

Definição de conflito:
Os conflitos são situações em que duas ou mais pessoas entram em oposição ou desacordo porque suas posições, interesses, necessidades, desejos ou valores são incompatíveis ou são percebidos como incompatíveis, onde possuem papel importante as emoções e sentimentos e onde a relação entre as partes em conflito pode sair mais fortalecida ou deteriorada em função de como seja o processo de resolução de conflito.

O mesmo autor indica que o conflito pode ser estudado a partir das pessoas envolvidas, dos processos e dos problemas consequentes. Estudamos um pouco mais esses três campos.

Os elementos relativos às pessoas

* **Protagonistas principais** são aquelas pessoas diretamente envolvidas no conflito (aluno e professor de matemática envolvidos em um conflito). **Protagonistas secundários** são aqueles que estão no entorno do conflito ou mesmo podem vir a sofrer as consequências do conflito (demais alunos da mesma turma e os professores do departamento de matemática). **Posição** é aquilo que inicialmente é defendido ou requerido

pelas pessoas envolvidas no conflito. Em geral, a posição de cada envolvido no conflito responde a pergunta: O que quer? Nem sempre a posição está diretamente ligada ao interesse real. Discutir sobre posições é mascarar a situação de conflito e levar a mediação ao fracasso antecipadamente.

Exemplo 1 – A posição de um advogado na apresentação de uma causa em torno de um valor para indenização pode não ser o interesse de seu cliente, que só gostaria de receber uma desculpa pelo tratamento inadequado que recebeu.

Exemplo 2 – O aluno diz ao professor: mereço nota sete e ser aprovado. O professor responde: você merece ser reprovado, posso lhe dar nota cinco.

- **Interesse** é a motivação objetiva de uma conduta, a partir da qual esta se estrutura. Pode referir-se a bens materiais (carro, moto, bicicleta, bola etc.) ou imateriais (prestígio, honra, autoridade, posição). É o que efetivamente promove o conflito e é o alvo a ser descoberto pela ação mediadora.

  Exemplo 1 – Sadam Husseim: na guerra do Golfo, seu interesse não era somente ter o controle sobre o petróleo do Kuwait, mas também reforçar sua imagem de líder dos países árabes e aumentar seu poder na região.

  Exemplo 2 – O interesse do aluno é que reconheçam seus esforços no estudo, mesmo que sua nota esteja abaixo da média. O professor deseja que seus alunos reconheçam seu esforço e dedicação ao preparar as aulas.

Um interessante exemplo sobre posição e interesse, sempre encontrado na literatura de mediação de conflito, é aquele em que duas irmãs brigam porque ambas queriam a única laranja existente. Uma solução dita "salomônica" seria dividir a laranja ao meio. O mediador buscará conhecer o que cada uma delas deseja da laranja. A posição está clara: querem a laranja! Mas qual o interesse efetivo de cada uma delas? Após o processo de mediação do conflito instalado, chegam à conclusão de que uma delas deseja o suco da laranja, enquanto a outra deseja fazer um doce de laranja utilizando-se do "bagaço". Uma extrai o suco e outra fica com o bagaço. Ambas ganham!

- Em torno do conflito existe uma dimensão subjetiva, determinada pela **percepção** que as partes têm do conflito, que influi de maneira decisiva na sua dinâmica e na sua possibilidade de resolução. É a maneira própria e particular de cada um avaliar e interpretar o conflito e suas origens.

  Exemplo 1 – Divórcio de mulher que resiste porque aceitá-lo significaria, para ela e por suas circunstâncias sociais e culturais, reconhecer um fracasso em sua vida marital e familiar, segundo concebe a sociedade moderna.

  Exemplo 2 – Joãozinho não estuda o suficiente!

  É possível também, na maioria dos casos, identificar a **coexistência de múltiplos conflitos**, alguns objetivos (explícitos) e outros subjetivos (implícitos), enlaçados de tal modo que se torna difícil a compreensão rápida da situação. Localizar o motivo do conflito principal pode ser de grande importância para que se possa resolver a disputa.

  Exemplo – Divisão de bens na separação do casal: ficar com a casa pode ser vital, sendo a diferença entre ganhar ou perder a negociação, sair vitorioso ou derrotado na separação.

Elementos relativos ao processo

- **A dinâmica do conflito:** é o caminho construído do primeiro ensaio de diferença ou antagonismo até o conflito. Este caminho pode ser objetivo ou subjetivo, realista ou não realista. Este item deve responder a questão: o que aconteceu e como aconteceu o conflito?

Exemplo – Um professor que discrimina os alunos em detrimento das alunas. No momento de uma questão envolvendo uma nota na avaliação, a defesa do direito do aluno que se sente lesado virá aumentada por toda a discriminação de que foi vítima.

- **A relação e a comunicação**: como vimos, as dificuldades que originam os conflitos que deságuam na violência estão intrinsecamente ligadas à falta de comunicação eficaz, de diálogo. A comunicação é indispensável para evitar que o clima escolar produza conflito e que este faculte a violência. Esse problema é bastante reduzido quando os envolvidos nos conflitos são "iguais": professor-professor ou aluno-aluno, uma vez que os pares conhecem e dominam os mesmo códigos de comunicação, o que não ocorre com os conflitos envolvendo tipos distintos. Neste ponto, é importante lembrar alguns chavões ou estereótipos da escola: "os professores não nos escutam"; "cada vez que eu dou minha opinião, me dou mal". Essas relações e suas comunicações são obstáculos ao processo mediador, uma vez que possuem características antagônicas ou dicotômicas que podem auxiliar ou obstruir a mediação, tais como:

1. pouca relação/muita relação;
2. confiança/desconfiança;
3. afabilidade/hostilidade;
4. dúvida/coragem;
5. calma/agressividade;
6. conhecimento/desconhecimento;
7. egoísmo/fraternidade;
8. antagonismo/cooperação.

Elementos relativos ao problema

- **A essência**: o conflito tem sua essência, seu fato (roubaram meu lanche, fui retirado de sala, meu colega me agrediu etc.). Devemos buscar caminhos para encontrar essa essência do conflito. Neste tipo de problema, cada parte possui um interesse (obter o que deseja, ser reconhecido, assistir à punição do outro etc.) e tem uma expectativa de relação. Devemos ter em mente que a mediação de conflito não irá resolver a "essência", mas deve atentar para a relação, ou para o fato de que os vizinhos continuarão a viver em contato, que os alunos frequentarão o mesmo espaço escolar. A mediação deve atentar, no mais das vezes, para a preservação da relação. É claro que é bastante comum que problemas na escola tenham como "essência" situações de relação: "ele me chamou de crioulo/branco azedo".
- **Tipos de problemas**: estes podem ser enquadrados nos diversos tipos ou características indicados anteriormente. Há, por exemplo, conflitos de percepção (cada um vê à sua maneira um fenômeno externo); conflitos de interesse e necessidade (quando existe um problema concreto e se busca unilateralmente a conquista do desejo; é o estilo "um ganha, outro perde"); conflitos de recurso (surgem pelo conflito entre pessoas com recursos financeiros, de tempo de capacidade diferentes); conflitos por atividades (se originam pela maneira ou percepção diferentes frente a uma atividade ou ação); conflito por *status* (quando o conflito surge nos jogos ou disputas); conflito de valores e crenças (quando um se acha detentor de valor ou crença diferente superior às demais).

A explicação do conflito, pois, depende da análise da cultura, da ordem social e das expectativas das pessoas de uma sociedade. Logo, isso significa dizer que não podemos julgar a maneira como as pessoas criam, vivem e resolvem seus conflitos. Cada história pessoal e cada conjunto de pessoas vai produzir um conjunto diferente e interdependente que dará origem a uma maneira própria de lidar com o seu conflito e com o conflito do outro.

A cultura do final do século XX possui a tendência a identificar o conflito com sentimentos de hostilidade, antipatia, ódio e manifestação de violência (sentimentos de conotação negativa). Acredita-se que o conflito destrói, que suas consequências são sempre negativas e prejudiciais para a convivência e que, portanto, deve ser evitado ao máximo. No entanto, nem todo conflito é destrutivo e nem sempre tem como objetivo a destruição do adversário.

Quando as ciências sociais se ocupam do conflito social e político, tendem a reduzir a significação do conceito, referindo-se somente às formas extremas, que se manifestam com muita violência.

Porém, **o conflito começa a ser visto como uma manifestação mais natural e necessária das relações entre pessoas, grupos sociais, organismos políticos e Estados**. O conflito é inevitável e não se devem suprimir seus motivos, até porque ele possui inúmeras vantagens dificilmente percebidas por aqueles que veem nele algo a ser evitado:

- Ajuda a regular as relações sociais;
- Permite o reconhecimento das diferenças, que não são ameaça, mas resultado natural de uma situação em que há recursos escassos;
- Ajudam a definir as identidades das partes que defendem suas posições;
- Racionaliza as estratégias de competência e de cooperação.

O conflito e a ordem estabelecida

Outro mito importante construído em torno do conflito é aquele que diz que o **conflito atenta contra a ordem**. Na verdade, o conflito é a manifestação da ordem em que ele próprio se produz e da qual se derivam suas consequências principais. O conflito é a manifestação da ordem democrática, que o garante e sustenta.

A ordem e o conflito são resultado da interação entre os seres humanos. A ordem, em toda sociedade humana, não é outra coisa senão uma normatização do conflito. Tomemos como exemplo o conflito político: apesar de parecer ruptura da ordem anterior, há continuidade e regularidade em alguns aspectos tidos como indispensáveis pela sociedade, que exige a ordem e de onde emanam os conflitos.

Somente o estudo e compreensão das relações que existem dentro da ordem podem permitir o entendimento completo dos conflitos que nela se originam e que, por fim, são a razão de sua existência. Por exemplo, os sócios que brigam. É necessário ver as condições em que se fez a sociedade e as expectativas dos sócios. Possivelmente, cada um deles terá entendimento pessoal das regras que iniciaram a sociedade e possuíam, por derivação, expectativas diferentes. Devido a isso, instala-se o conflito.

O conflito está regulado de tal modo que nem sempre nos damos conta sequer de sua existência. Como exemplo disso, temos o mercado: ele exclui a violência como a entendemos comumente e prevê um modelo de comportamento pacífico e cooperativo. Mas os interesses são frontalmente conflitantes!

Um dos textos mais ricos sobre a relação entre o conflito e a ordem, bem como sua relação com a nossa dificuldade de percepção do conflito, é apresentado por Murguia (1999) – que traduzimos livremente – quando diz:

> Qualquer assunto, conflito ou disputa em que queiramos intervir – como partes ou como intermediários – requer que elaboremos, previamente, um diagnóstico que nos permita conhecer sua natureza e as possibilidades que oferece de ser resolvido.
>
> Um erro de percepção, por pequeno que seja, pode induzir a cometer erros que impeçam chegar a um acordo. Eis um exemplo simples:

Dois irmãos se revezam na utilização de um carro. No dia em que cabe a um deles o uso, o outro o necessita com urgência. Postos a negociar, o que tem direito a usá-lo neste dia pode impor condições mais ou menos fortes, segundo a necessidade do outro: três dias em troca de um.

A avaliação da situação em que se encontra a outra parte afeta de maneira decisiva o processo de uma negociação. Um dos irmãos consegue ganhar três dias de uso do carro porque desenha sua estratégia de negociação a partir de um diagnóstico acertado da urgência de seu irmão.

Dependendo da situação, o diagnóstico pode ser mais simples ou mais complexo. A dificuldade de elaborar diagnósticos ocorre em qualquer campo onde ocorram **erros de percepção.**

No campo da resolução de conflitos, a resistência em realizar diagnósticos nasce de uma ideia equivocada sobre a natureza do conflito. Haveria um contraste entre a **ordem** (paz, harmonia e tranquilidade) e o **conflito** (violento, ostensivo). Por causa desse entendimento não se presta atenção nos antagonismos até que se manifestem abertamente, inclusive com violência. Isto ocorre tanto com pessoas quanto com entidades políticas.

Espera-se que o conflito se dilua com o tempo ou se resolva.

Não estamos acostumados a atuar sobre os conflitos de maneira preventiva, e isso se deve a que não os reconhecemos como tais senão em suas manifestações extremas.

Quando o conflito se instala, geralmente é interpretado como expressão da **ruptura com a ordem anterior**, que era boa porque "harmônica". A partir desse pensamento, é natural que se pense de maneira automática na necessidade de "restabelecer" a ordem, buscando que as partes voltem à situação em que estavam antes. Esta visão faz com que se considere desnecessário elaborar um diagnóstico. O que se pretende é eliminar os traços externos e violentos do conflito.

Não se oferece uma solução para o conflito, passando-se a aplicar somente remédios de curto prazo e superficiais. Mais cedo ou mais tarde, o conflito se manifestará de novo e provavelmente com mais violência, porque, se não se resolve rápido, todo conflito tende a agravar-se com o tempo.

Quando um conflito se manifesta de maneira aberta, há que se atentar não só para o objeto da disputa, não só para os interesses dos envolvidos, mas sobretudo para os mecanismos da ordem que fracassaram na tarefa de dar um caminho regular e normal ao antagonismo.

Convém refletir no fato de que o retorno à situação prévia é inviável mesmo a longo prazo.

2.2. Classificações de conflitos e dos conflitos escolares[7]

A fim de melhor entendermos as possibilidades de conflito, buscaremos alguns exemplos de classificação de conflito. Pois, segundo Redorta (2004):

> classificar é uma forma de dar sentido. A classificação costuma ser hierárquica e permite estabelecer relações de pertencimento. Ao classificar, definimos, e ao definir, tomamos uma decisão a respeito da essência de algo. (p. 95)

Vamos buscar algumas classificações gerais de conflito segundo Moore (1998), Deutsch (*apud* Martinez Zampa, 2004) e Redorta (2004) e classificações de conflitos escolares a partir de Martinez Zampa (2004) e Nebot (2000).

Para Moore (1998, p. 62), os conflitos podem ser classificados em estruturais, de valor, de relacionamento, de interesse, e quanto aos dados:

---

7   A partir de Chrispino, Alvaro. *Gestão do conflito escolar: da classificação dos conflitos aos modelos de mediação.* Ensaio: Avaliação e Políticas Públicas em Educação, Rio de Janeiro, v. 15, n. 54, jan/mar 2007, pp. 11-28.

TIPOS DE CONFLITO	CAUSAS DOS CONFLITOS
Estruturais	Padrões destrutivos de comportamento ou interação; controle, posse ou distribuição desigual de recursos; poder e autoridade desiguais; fatores geográficos, físicos ou ambientais que impeçam a cooperação; pressões de tempo.
De valor	Critérios diferentes para avaliar ideias ou comportamentos; objetivos exclusivos intrinsecamente valiosos; modos de vida, ideologia ou religião diferente.
De relacionamento	Emoções fortes; percepções equivocadas ou estereótipos; comunicação inadequada ou deficiente; comportamento negativo repetitivo.
De interesse	Competição percebida ou real sobre interesses fundamentais (conteúdo); interesses quanto a procedimentos; interesses psicológicos.
Quanto aos dados	Falta de informação; informação errada; pontos de vista diferentes sobre o que é importante; interpretações diferentes dos dados; procedimentos de avaliação diferentes.

Para Deutsch (*apud* Martinez Zampa, 2004, p. 27), os conflitos podem ser classificados em seis tipos: verídicos (conflitos que existem objetivamente), contingentes (situações que dependem de circunstâncias que mudam facilmente), descentralizados (conflitos que ocorrem fora do conflito central), mal atribuídos (se apresentam entre partes que não mantêm contatos entre si), latentes (conflitos cuja origem não se exterioriza) e falsos (se baseiam em má interpretação ou percepção equivocada).

Para Redorta (2004), a tipologia de conflito é de tal importância que ele dedica toda uma obra a essa tarefa. Podemos sintetizar a tipologia de Redorta no quadro a seguir:

TIPO DE CONFLITO	OCORRE QUANDO
De recursos escassos	Algo não existe suficientemente para todos
De poder	Algum de nós quer mandar, dirigir ou controlar o outro
De autoestima	Meu orgulho pessoal se sente ferido
De valores	Meus valores ou crenças fundamentais estão em jogo
De estrutura	Há um problema cuja solução requer longo prazo, esforços importantes de muitos e meios que estão além de minha possibilidade pessoal
De identidade	O problema afeta minha maneira íntima de ser o que sou
De norma	Alguém descumpre uma normal social ou legal
De expectativas	Não se cumpriu ou se fraudou o que um esperava do outro
De inadaptação	Modificar as coisas produz uma tensão que não desejo
De informação	Algo se disse ou não se disse ou se entendeu de forma errada
De interesses	Meus interesses ou desejos são contrários aos do outro
De atribuição	O outro não assume a sua culpa ou responsabilidade em determinada situação
De relações pessoais	Habitualmente não nos entendemos como pessoas
De inibição	Claramente a solução do problema depende do outro
De legitimação	O outro não está de alguma maneira autorizado a atuar como o faz, tem feito ou pretende fazer

É possível, ainda, identificar conflitos escolares ou mesmo educacionais a partir de Martinez Zampa (2005) e de Nebot (2000). Certamente, as características da escola ou do sistema educacional favorecem esse tipo de categorização, por se restringir a um universo conhecido, com atores permanentes (alunos, professores, técnicos e comunidade) e com rotinas estabelecidas (temática, horários, espaços físicos etc.). A maneira de lidar com o conflito escolar ou educacional é que irá variar de uma escola que vê o conflito como instrumento de crescimento ou que o interpreta como um grave problema que deve ser abafado.

Na comunidade escolar existem pontos que contribuem para o surgimento dos conflitos e que, na maioria das vezes, não são explícitos ou mesmo percebidos. A prioridade que se dá para os diferentes conflitos escolares é um primeiro ponto. Martinez Zampa (2005, p. 29) diz que os professores consideram que os conflitos mais frequentes e importantes se dão entre seus colegas e diretores, colocando em segundo lugar de importância os conflitos entre alunos. Essa posição não é ratificada por Oliveira e Gomes (2004) que descrevem como os docentes veem os valores e violência escolares. Ao descreverem as escolas que foram pesquisadas, escrevem:

> O clima entre direção, professores e alunos parecia bastante amistoso. No entanto, a Associação de Pais e Mestres e o Conselho Escolar funcionavam precariamente devido à falta de participação e envolvimento da comunidade escolar.
> O relacionamento entre os professores parecia muito bom, manifestado, inclusive, pelos intervalos muito animados. Segundo informações colhidas, a amizade entre os docentes continuava fora dos muros da escola, nas festas de confraternizações, aniversários, churrascos e outros. (pp. 52-53)

A leitura externa da comunidade (cidadãos e pais) pode achar que professores e diretores – profissionais e adultos que são – devam lidar profissionalmente com as possíveis dificuldades que surjam no exercício da atividade docente. E que os conflitos entre alunos, e destes com seus professores, é que efetivamente merecem ser vistos como prioridade.

Como conflitos educacionais ou entre membros da comunidade educacional, Martinez Zampa (2005, pp. 30-31) enumera quatro tipos diferentes:

1. Conflito em torno da pluralidade de pertencimento: surge quando o docente faz parte de diferentes estabelecimentos de ensino ou mesmo de níveis diferentes de ensino.
2. Conflitos para definir o projeto institucional: surge porque a construção do projeto educacional favorece a manifestação de diferentes posições quanto a objetivos, procedimentos e exigências no estabelecimento escolar.
3. Conflito para operacionalizar o projeto educativo: surge porque no momento de executar o projeto institucional, surgem divergências nos âmbitos de planejamento, execução e avaliação, levando a direção a lançar mão de processos de coalizão, adesões etc.
4. Conflito entre as autoridades formal e funcional: surge quando não há coincidência entre a figura da autoridade formal (diretor) e da autoridade funcional (líder situacional).

Os conflitos educacionais, para efeito de estudo, são aqueles provenientes de ações próprias dos sistemas escolares ou oriundos das relações que envolvem os atores da comunidade educacional mais ampla. Certamente poderíamos ainda apontar os que derivam dos exercícios de poder, os que se originam das diferenças pessoais, os que resultam de intolerâncias de toda ordem, os que possuem fundo político ou ideológico – o que fugiria do foco principal deste trabalho, voltado para a escola e seu entorno. Saindo do universo geral dos conflitos educacionais – enumerados restritamente – podemos relacionar os que chamaremos de conflitos escolares, por acontecerem no espaço próprio da escola ou com seus atores diretos.

Dentre as classificações possíveis, escolhemos adaptar a de Martinez Zampa (2005, pp. 31-32) para ilustrar o texto. Os conflitos que ocorrem com maior frequência se dão:

- *Entre docentes, por:*
  - Falta de comunicação
  - Interesses pessoais
  - Questões de poder
  - Conflitos anteriores
  - Valores diferentes
  - Busca de "pontuação" (posição de destaque)
  - Conceito anual entre docentes
  - Não indicação para cargos de ascensão hierárquica
  - Divergência em posições políticas ou ideológicas
- *Entre alunos e docentes, por:*
  - Não entenderem o que explicam
  - Notas arbitrárias
  - Divergência sobre critério de avaliação
  - Avaliação inadequada (na visão do aluno)
  - Discriminação
  - Falta de material didático
  - Não serem ouvidos (tanto alunos quanto docentes)
  - Desinteresse pela matéria de estudo
- *Entre alunos, por:*
  - Mal-entendidos
  - Brigas
  - Rivalidade entre grupos
  - Discriminação
  - Bullying
  - Uso de espaços e bens

- Namoro
- Assédio sexual
- Perda ou dano de bens escolares
- Eleições (de variadas espécies)
- Viagens e festas
- *Entre pais, docentes e gestores, por:*
  - Agressões entre alunos e destes com professores
  - Perda de material de trabalho
  - Associação de pais e amigos
  - Cantina escolar ou similar
  - Falta ao serviço pelos professores
  - Falta de assistência pedagógica pelos professores
  - Critérios de avaliação, aprovação e reprovação
  - Uso de uniforme escolar
  - Não atendimento a requisitos "burocráticos" e ad ministrativos da gestão

Segundo Nebot (2000, pp. 81-82), os conflitos escolares podem ser categorizados em organizacionais, culturais, pedagógicos e de atores. A seguir, detalhamos cada um dos tipos:

- *Organizacionais*
  - setoriais: se produzem a partir da divisão de trabalho e do desenho hierárquico da instituição, que gera a rotina de tarefas e de funções (direção, técnico-administrativos, professores, alunos etc.);
  - o salário e as formas como o dinheiro se distribui no coletivo, afetando a qualidade de vida dos funcionários e docentes etc.;
  - se as organizações são públicas ou privadas.
- *Culturais*
  - comunitários: são aqueles que emanam de redes sociais de diferentes atores, onde está situada a escola. Rompem-se as concepções rígidas dos muros da escola,

ampliando-se as fronteiras (por exemplo, os bairros e suas características, as organizações sociais do bairro, as condições econômicas de seus habitantes etc.);

- raciais e identidades: são aqueles grupos sociais que possuem um pertencimento e afiliação que faz a sua condição de existência no mundo. Estes, com suas características culturais, folclóricas, ritualísticas, patrocinam uma série de práticas e *habitus* que retroalimentam o estabelecimento de ensino (por exemplo, a presença de fortes componentes migratórios na região etc.);

- *Pedagógicos*
São aqueles que derivam do desenho estratégico da formação, dos dispositivos de controle de qualidade e das formas de ensinar, seus ajustes ao currículo acadêmico e suas formas de produção. Por exemplo, não é a mesma coisa ensinar matemática ou literatura, e ambas possuem procedimentos similares, mas diferentes; a organização dos horários das turmas e dos professores; as avaliações etc.;

- *Atores*
São aqueles que denominamos "pessoas" e que devem ser distinguidos:

- de grupos e subgrupos: ocorrem em qualquer âmbito (turma, corpo docente, direção etc.);

- familiares: de onde derivam as ações que caracterizam a dinâmica familiar que afeta diretamente a pessoa, podendo produzir o fenômeno de afastamento familiar que acarreta o "depósito" do aluno na escola;

- individuais: são aqueles onde a "patologia" toma um membro da organização escolar. Neste caso, há sempre o risco da estigmatização do membro da comunidade que é o causador do conflito.

No momento em que realçamos o conflito na escola, gostaríamos de chamar a atenção para a capacidade da escola em perceber a existência do conflito e a sua capacidade de reagir positivamente a ele, transformando-o em ferramenta do que chamamos de tecnologia social, uma vez que o aprendizado de convivência e gestão do conflito é para sempre. A gestão de conflito precede o exercício da mediação de conflito. A gestão de conflito é um patrimônio pessoal que, quando conquistado, alça o indivíduo a um novo e irreversível patamar social: o que busca a solução do conflito. A mediação de conflito é uma ação diferente, visto que atende, por meio de terceiros, àqueles que não conseguem fazer sozinhos a gestão do conflito em que se envolveram.

2.3. A mediação de conflito

Podemos dizer, também, que mediação é uma forma de resolução de conflitos que consiste basicamente na busca de um acordo pelo diálogo, com o auxílio de um terceiro imparcial: o mediador. No esforço de conceituar mediação, Camp (2003) escreveu que:

> mediação é um processo de comunicação entre partes em conflito com a ajuda de um mediador imparcial, que procurará que as pessoas implicadas em uma disputa possam chegar, por elas mesmas, a estabelecer um acordo que permita recompor a boa relação e dar por terminado, ou pelo menos mitigado, o conflito.

A mediação teve origem nas discussões envolvendo grandes problemas mundiais. Após a Segunda Grande Guerra, houve grande preocupação com o estudo do conflito, o que ocorreu na Europa e nos EUA, a partir de um enfoque multidisciplinar: antropologia, direito, economia, psicologia e sociologia. Na década de 1970, nos EUA, iniciou-se o estudo das Técnicas Alternativas de Resolução de Conflito (TARC) ou Resolução Alternativa de

Disputa (RAD). Iniciou-se com terapia de família, com a proliferação, nos EUA, dos Centros Públicos e Privados dedicados à aplicação das TARC (setecentos centros só nos EUA). Procurou-se a solução pacífica das controvérsias, desde os conflitos políticos até as brigas de vizinhos. Esse tipo de preocupação é também encontrado no sistema escolar americano.

Para Torrego (2001), a grande inovação desse modelo é a superação da concepção tradicional de ganhar-perder das disputas por uma nova concepção de ganhar-ganhar. Essa mudança afeta o resultado e também o processo em si mesmo, uma vez que modifica a atitude das partes.

Para Oyhanarte (1996), mediação é o procedimento no qual os participantes, com assistência de uma pessoa imparcial – o mediador –, colocam as questões em disputa com o objetivo de desenvolver opções, considerar alternativas e chegar a um acordo que seja mutuamente aceitável. Indica, ainda, que o público deve ser educado e informado dos princípios e usos da mediação, suas possibilidades e limites. A mediação pode contribuir muito para modificar hábitos litigiosos que foram incorporados à nossa cultura social como consequência de anos de cultura autoritária e de poder hegemônico. A escola, por tal, encaixa-se perfeitamente nesse quadro.

O mediador, ou terceiro imparcial, não é nem um juiz nem um árbitro, ou seja, não lhe compete nem decidir sobre a justiça das pretensões de cada parte nem propor por sua conta uma solução. O mediador não decide sobre o fundamento do conflito nem sobre as soluções que convenham às partes. Ele busca uma composição amigável que ponha fim ao conflito, percebendo os aspectos objetivos e/ou subjetivos, contribuindo para o aclaramento da situação na busca do entendimento.

Não se deve esperar que a mediação ponha fim ao conflito. Essa expressão não deve ser entendida no seu sentido literal. São raras as vezes em que a controvérsia pode encontrar uma solução última e definitiva. A proposta é a superação das manifestações mais agudas e violentas, reorientando o antagonismo a formas estáveis e pacíficas de relação. Espera-se que a mediação induza a essa reorientação das relações sociais para formas de cooperação, de confiança e de solidariedade. Formas mais maduras, espontâneas e livres de resolver diferenças.

Se alcançado esse objetivo, a mediação induzirá a atitudes de tolerância, responsabilidade e iniciativa individual que formam uma nova ordem social.

A grande vantagem da mediação de conflito, em que pese o tempo necessário para conduzir o processo, é que os envolvidos, após ajustarem o acordo de mútua concordância, são capazes de habitar o mesmo espaço sem que as relações tenham sofrido um esgarçamento que impeça o convívio posterior. Assim é que uma briga de vizinhos ou uma briga de alunos pode ser muito melhor resolvida no acordo, que permite que os envolvidos se encontrem no espaço comum do condomínio ou da escola, do que numa decisão judicial ou do diretor, que aponta um que ganha e outro que perde.

3. A mediação no universo escolar

3.1. Introdução

É surpreendente o número de autores que falam da mediação de conflito no espaço escolar ou que, comentando a violência, a indisciplina escolar ou o conflito propriamente dito, fazem menção ao diálogo, à convivência e ao trabalho de mediação: Prawda, 2008; Sales, 2008; Johnson e Johnson, 2004; Aldenucci, 2001; Sposito, 2001; Tavares dos Santos, 2001; Torrego, 2001; Schwerter e Lopez, 2001; Viscardi, 1999; Gaustad, 1999; Six, 1997; Duffy *et alii*, 1996; Walker, 1995; dentre outros.

Six (1997), comentando a mediação escolar na França e na Bélgica, trouxe observações importantes que podem ser transplantadas para o sistema escolar brasileiro. Relembra ele o título do *Le Monde* de 27/05/94, que dizia *"Fazem falta os mediadores"*. Indica uma pesquisa em que aponta a ausência de interlocutores dos jovens:

Um colegial em cada cinco e um estudante de cada quatro dizem que não sabem com quem falar quando necessitam (...) Menos de 3% dos adolescentes se confiam a profissionais: médicos, professores ou animadores.

O mesmo autor diz ainda que a escola sofre do mesmo "binarismo" que a sociedade, e que essa posição de binário é a origem dos conflitos, desde os mais simples até os mais violentos (racismo, xenofobia, fanatismo etc.). Iniciar a mediação de conflito na escola é introduzir outra maneira de ver e de ser, mais aberta e verdadeira. A mediação introduz a terceira pessoa, aquela que não se confronta, que atrai para si as atenções conflitantes.

Slyck e Stern (1996), por sua vez, apresentam uma outra proposta centrada na utilização do currículo como instrumento de ensino-aprendizagem da mediação de conflito pelos alunos. São desenvolvidas disciplinas de mediação de conflito que pretendem ensinar aos jovens como evitar os confrontos a partir do manejo de técnicas de negociação, resolução de problemas, simulações etc.

Sposito (2001) dirá, com extrema propriedade:

> As incivilidades sinalizariam, também, um conjunto de insatisfações manifestadas pelos alunos diante de sua experiência escolar e, ao mesmo tempo, **as dificuldades da unidade escolar em criar possibilidades para que tais condutas assumam a forma de um conflito capaz de ser gerido no âmbito da convivência democrática,**

chamando a atenção para a necessidade de se permitir o conflito para que este seja gerido, a partir das incivilidades, e acrescentaríamos dos antagonismos, diferenças e divergências.

Walker (1995) aponta para diversos programas em que os mediadores são os próprios alunos. Eles são capacitados para buscar comportamento pró-social, por meio de um programa que inclui empatia, cooperação, visão prospectiva etc., para que todos possam encontrar soluções pacíficas. Apesar de esses programas não possuírem avaliação de resultados conclusiva, os primeiros indícios apontam para a redução da indisciplina; redução dos castigos; melhoria do ambiente escolar; aumento da autoestima, responsabilidade e confiança dos alunos envolvidos no projeto. Essa ideia é reforçada pela experiência de mediação de conflitos por pares de alunos, desenvolvida pela Prefeitura de Porto Alegre e narrada por Tavares dos Santos (2001).

Eis o porquê da proposta de fazer da mediação de conflito uma alternativa para adequar a escola à sua nova clientela, à sua nova dinâmica e à sua nova responsabilidade. Não mais o confronto e a submissão à ordem unilateral. Autoridade, sim. Autoritarismo, não!

3.2. Reflexões sobre a mediação de conflito e a escola

A mediação é uma técnica que pode ser encontrada em muitas áreas da atuação humana (Schvarstein, 1998). Podemos tê-la no Poder Judiciário, nas relações comunitárias em geral e na atividade privada. Como é de se esperar, a finalidade da mediação em cada uma dessas áreas é diferente. Enquanto no Judiciário a expectativa é o descongestionamento do sistema ou a criação de uma alternativa ao serviço jurisdicional (em alguns países, como Argentina e Brasil, a mediação é uma fase obrigatória do processo), na relação comunitária busca-se a solução do conflito na esperança de restituir (ou manter) os laços de solidariedade mínima que caracterizam os cidadãos, uma vez que, passado o momento do conflito, os vizinhos, os condôminos, os alunos ou os colegas de trabalho voltarão a conviver no mesmo espaço. Já na atividade privada, encontramos a mediação de conflito quando se percebe a preocupação de evitar o crescimento ou acirramento de conflitos que podem influir negativamente na imagem da empresa, ou mesmo objetivando o aumento do lucro/diminuição de despesas com conflitos.

É importante assinalar os diversos contextos em que se aplica a mediação de conflito buscando justificar sua aplicabilidade no universo escolar, sendo certo que o uso da mediação não é panaceia salvadora. Ela teria limites, "limitações intrínsecas" e contraindicações.

Pela categoria "escola" podemos entender um espaço de reprodução social, onde valores, princípios e condutas, tidos como importantes pela sociedade, são transmitidos de geração a geração. Nessa visão, a escola funciona como instrumento de manutenção da ordem social. Por outro lado, a escola é sempre lembrada como local onde deve se iniciar qualquer grande mudança social.

Esse espaço paradoxal – de manutenção e de renovação da ordem social – deve ser palco também da cultura de mediação de conflitos.

Com certeza, quando falamos da categoria "escola", estamos considerando que nenhuma escola é igual a outra, por mais que possuam pontos comuns perceptíveis. Se tudo for exatamente igual em duas escolas, o "clima" e o contexto interpessoal farão de cada escola uma "escola singular". Se isso for verdade, e acreditamos que é, as redes de escolas serão um conjunto de escolas diferentes, levando o governante a instituir um programa de mediação de conflito comum a todas, mas com gestão e dinâmica individualizadas.

Sobre este aspecto, Schvarstein (1998, p. 22) dirá que, numa escola estatal, o aluno é objeto sobre o qual decidem os governantes, diretores e professores. No momento da implantação da mediação de conflito no universo escolar, o aluno passa de objeto de decisão estatal para sujeito do processo de mediação.

Quando começamos a pensar na implantação de um programa de mediação de conflito no universo escolar, precisamos apontar algumas questões sobre a tradição da escola que merecem reflexão prévia, a fim de que o programa não nasça destinado ao fracasso. São estes alguns pontos:

- **A relação entre aluno e professor**. Existe inquestionavelmente uma relação de poder entre eles. O aluno está submetido ao poder do professor, que se manifesta na detenção do saber, no controle da "cátedra", na aplicação da avaliação, na decisão da aprovação etc. É muito difícil imaginar um modelo de escola em que essa relação seja diferente. É dessa diferença e da incapacidade – ou insensibilidade – de mudança que resulta o surgimento do conflito.

- **A relação entre diretor e professor**. Por mais que as escolas sejam diferentes entre si, sempre haverá uma relação hierárquica entre professores e diretor. É este último, na verdade, a autoridade imanente e instituída que se manifesta e se impõe de formas variadas em cada escola. Pode-se considerar que a supervalorização da eleição de diretores pela comunidade escolar modificou essa relação histórica, uma vez que o candidato a diretor precisa da cumplicidade dos professores para alcançar o cargo, permanecer nele e retornar a ele pelo processo de reeleição, o que pode induzir a mudanças nessa relação de dependência e poder. Nesse caso, o conflito muda de foco, mas se mantém.

- **Relação entre escola e comunidade**. A escola e a comunidade constroem contemporaneamente uma relação diferente. Antes, a escola era responsável pela instrução, sendo ela o instrumento exclusivo para tal fim. A família tinha a função de educar para os valores morais e de relação social. Hoje, o que vemos é que a família abdicou da função de educar, transferindo para a escola mais esta obrigação. Ocorre que a escola, por si só, já enfrenta dificuldades de adaptação a uma nova realidade: (1) deixa de ser o centro exclusivo do processo de ensino-aprendizagem e passa a ser mais um instrumento de ensino, juntamente com a *internet*, a televisão, o rádio, o grupo social etc.; (2) passa a abrigar alunos diferentes na origem, nos valores e nos objetivos, sem que a gestão institucional e o professor estejam preparados para tal. A família se conflita com uma "escola conflituada", porque exige o que, no mais das vezes, a escola não está apta a atender.

- **Análise do processo de avaliação.** A avaliação é, na verdade, uma espécie de centro nervoso da escola. Por meio dela, o professor afere se o estudante alcançou aquilo que ele esperava como aprendizagem significativa; através dela, o estudante expressa se é capaz de responder padronizadamente às perguntas; a partir dela, a família consegue um instrumento de comunicação e acompanhamento capaz de indicar se o aluno está "bem" ou não, de acordo com a comparação natural com a escala de notas vivida pelos pais no tempo em que estudavam. Por conta dela, a escola diz do resultado de seu trabalho, quando a avaliação é aplicada a toda uma rede. A avaliação é o retrato da escola. Daí dizer-se que, ao se mudar a avaliação, muda-se a escola. Logo, ao se pensar num programa de mediação de conflito, que pressupõe igualdade das partes envolvidas, temos que considerar a compatibilidade deste programa de mediação com a prática e a cultura de avaliação de cada escola.

- **Análise disciplinar da escola.** A regulação da disciplina é uma forma de garantir o cumprimento de regras estabelecidas e que atendem a um conjunto de pressupostos sociais. Quanto mais "disciplinada" a escola, menor o número de problemas. Quanto mais rigorosa a imposição das regras disciplinares, menor o espaço para o diálogo que busca atender às necessidades individuais e contemporâneas do aluno. A disciplina iguala o tratamento de alunos diferentes, que acabam tendo no conflito e na violência consequente os únicos canais de extravasamento de suas divergências e dificuldades.

- **Comunicação**. Se a escola detém o monopólio de produzir as regras, aplicá-las aos alunos e produzir as sanções para os que as descumprem, não há por que imaginar a necessidade de canais eficientes de comunicação. Na verdade, fazer a gestão de escolas iguais é infinitamente mais fácil e mais simples. Ocorre que o processo de massificação do ensino trouxe para dentro da escola diferentes perfis de estudantes. São divergentes na origem social, na bagagem cultural, na renda familiar, na etnia, na expectativa de futuro, na escolaridade dos pais, nos valores éticos, na maneira de se relacionar com o mundo a sua volta. Se antes a escola não necessitava preocupar-se com o processo de comunicação, uma vez que os códigos de linguagem – símbolos e signos – eram semelhantes, hoje, diferentemente, ela abriga desiguais, o que obriga ao aprimoramento dos modos e dinâmicas de comunicação para que ela seja eficaz. Sendo eficaz, pode redundar em diálogo, o que diminui a hipótese de conflito e de violência. Como a escola ainda não aprendeu a criar e manter comunicação eficaz com os alunos diferentes, a implantação da técnica de mediação, a princípio, e a cultura de mediação como fim criarão um indispensável canal de comunicação, por meio do "terceiro imparcial" que caracteriza a mediação. Apesar das diferentes abordagens e técnicas em torno da mediação, há concordância quanto ao fato de que "todas elas consistem na reformulação dos modos que possuem os participantes de comunicar-se entre si" (Schvarstein, 1998, p. 24).

Parece ter ficado claro que a escola é uma força viva, resultante de outros vetores de forças nem sempre convergentes. Cada escola é sempre resultado da média das forças que atuam no momento em análise. Logo, se imaginarmos que a mediação de conflito vai modificar as comunicações, e vai solicitar reflexões sobre avaliação e disciplina, podemos dizer seguramente que a escola precisa de mediação e que é indispensável que o conjunto da comunidade escolar reflita sobre como, onde, quanto e quando fará a mediação, uma vez que a escola, ao implantar a mediação, será modificada por ela. Temos que ter essa premissa como visão de futuro para não sermos surpreendidos pelo movimento natural de mudança.

Em outras palavras, por conta de seu potencial indutor de mudanças, a escola precisa conhecer seu "clima escolar" e o "perfil de seu conflito e de sua violência" para fazer escolhas maduras no que diz respeito à implantação ou não da mediação.

A decisão pela implantação de um programa de mediação de conflitos precisa levar em conta se ele vai limitar-se a apresentar a técnica social da mediação ou se vai se expor a uma reorganização do modo de ser da própria escola. Se o primeiro é incipiente, o segundo pode ser destrutivo e acarretará a falência estratégica da mediação na escola. O ideal é que cada escola encontre um ponto ótimo entre esses dois extremos.

É indispensável ao sucesso que haja coerência entre o programa a ser implantado e a dinâmica interna da escola, sem a qual haverá sensação de hipocrisia, demonstrada pela divergência entre o discurso e a prática. Não é saudável que o aluno viva uma mensagem dupla e antagônica em um programa que o convida a aderir voluntariamente.

Vamos conhecer agora um pouco da história da mediação de conflito na escola.

3.3. Breve história da solução de conflito e da mediação escolar

As experiências envolvendo a aplicação de mediação de conflitos no universo escolar datam, em média, de trinta anos atrás e surgem como resposta organizada frente à crescente onda de violência nos Estados Unidos, quando religiosos e ativistas perceberam a importância de ensinar a crianças e jovens as técnicas de mediação de conflito. Hoje, existem mais de trezentos programas com esse fim nos EUA. Eis um breve histórico, a partir de Iungman (1998), Heredia (1998) e Caballero (2000).

Em 1972, a cidade de Nova York inicia o programa CCRC — *Children's Creative Response to Conflict*, que tinha como objetivos: (1) desenvolver condições para que as crianças aprendessem a usar uma comunicação mais "aberta"; (2) auxiliar as crianças a entenderem melhor a natureza dos sentimentos e capacidades humanas; (3) auxiliar as crianças a compartilharem sentimentos e identificarem suas próprias qualidades; (4) auxiliar o desenvolvimento da autoconfiança sobre suas habilidades; (5) auxiliar a pensar criativamente sobre os problemas e começar a prevenir e a buscar a solução de conflitos. Houve, nesse período, a tentativa um tanto desorganizada de alguns professores de ensinar essa ideia nos espaços de aula.

Em 1981, um grupo de professores e pais que buscavam a prevenção contra a guerra através da educação criou a ESR – *Educators for Social Responsability* (Educadores para a Responsabilidade Social). Essa instituição buscou treinar professores em técnicas de conflito, repetindo a proposta dos organizadores do movimento Educadores para a Paz. Nesse mesmo ano, surgem os programas no estado americano do Havaí, desenvolvidos pela universidade local.

Em 1982, a cidade de São Francisco criou talvez o mais famoso programa de mediação de conflito na escola: *Conflict Reso-*

lution Resources for School and Youth. Esse programa é o modelo para a maior parte dos programas de mediação escolar, dentro e fora dos Estados Unidos, desde a pré-escola até o ensino superior. Esse programa prepara currículos para diversas idades e séries, bem como implementa capacitação de "mediadores de conflito" na escola. Heredia (1998), ao comentá-lo, chega a ressaltar que esse programa é de tal ordem que seus organizadores consideram as habilidades para manejar conflitos como parte essencial de uma sociedade democrática[8].

Em 1984, a mediação de conflito alcança reconhecimento e um grupo de educadores e mediadores comunitários se encontraram e fundaram a NAME – *National Association for Mediation in Education* (Associação Nacional de Mediação em Educação), no desejo de criar uma rede de suporte às suas atividades. A Universidade de Massachusetts mantém um programa da NAME intitulado *Mediation Project* (Projeto Mediação).

Em 1985, um programa conjunto entre os Educadores para a Responsabilidade Social e a Coordenação de Educação da cidade de Nova York criou o RCCP – *Resolving Conflict Creatively Program*, que consistia em um programa baseado no desenvolvimento de um currículo de resolução de conflito. Esse programa, que se iniciou com dezoito professores e três escolas, alcançou posteriormente mil professores e cem escolas de níveis elementar e secundário. Os objetivos do programa eram: (1) apresentar alternativas não violentas para a solução de conflitos; (2) ensinar habilidades que permitissem às crianças aplicar alternativas não violentas na resolução de conflitos reais em suas vidas; (3) entre estudantes, incrementar o entendimento da própria cultura e das culturas diferentes da sua; (4) mostrar que as crianças e jovens têm papel determinante

---

8   Defendemos esta posição em outro ponto deste trabalho: "Uma nova escola: Escola da Tolerância".

na criação de uma sociedade mais pacífica. Em 1987, algumas escolas incluíram a mediação de conflitos no programa existente.

Existem, também, programas com o mesmo objetivo em outros países, tais como: Irlanda do Norte (1977), Nova Zelândia (1987), Canadá (1988) e, mais recentemente, Austrália, Polônia, Inglaterra, Alemanha, África do Sul, França, Bélgica, Costa Rica, Chile, Argentina, Espanha etc.

3.4. Vantagens da mediação escolar

Heredia (1998), citando Ray Scanhaltz (diretor de programas educacionais de São Francisco), sobre o dilema do jovem em nossos dias, diz:

> Pedir aos estudantes disciplina, sem provê-los das habilidades requeridas, é como pedir a um transeunte que encontre Topeka, Kansas, sem fazer uso de uma bússola... Não podemos esperar que os estudantes se comportem de um modo disciplinado se não possuem as habilidades para fazê-lo.

A necessidade de explicitar as regras aplicáveis ao universo escolar, por mais óbvia que possa parecer, encontra fundamento quando desenhamos o quadro no qual estão inseridos os alunos e os membros de sua comunidade. Vejamos o extremo para entender a lógica da explicitação das regras. Grande parte de alunos que estão matriculados em escolas violentas ou em áreas conflagradas vive o seguinte quadro: moram em barracos de papelão, madeira ou alvenaria básica; sem condições de higiene preconizadas pela saúde; os barracos estão em área invadida e, por isso, não possuem documento de propriedade; os pais estão desempregados e vivem na informalidade; a água é puxada de algum ponto disponível ou é "alugada" de terceiro; a energia elétrica é proveniente de "gato"; a TV a cabo vem do "gatonet"; o botijão de gás é comprado de um único fornecedor associado ao poder local; a ordem local é mantida por poderes paralelos ao Estado; e por aí vai... Percebe-se que não há o exercício de submissão natural às regras como fonte de regulação das relações sociais ou mesmo a natural adesão a rotinas e regramentos. Esses alunos vivem em um universo sem a experiência do exercício da lei como regulador social. Por que haveriam de saber ou submeter-se às regras "óbvias" da escola?

A introdução do tema mediação de conflito no currículo é a oportunidade de verbalizar uma questão e tornar claro o que se espera do jovem no conjunto de comportamentos sociais. De outra forma, é dizer ao jovem e à criança que suas diferenças podem se transformar em antagonismos e que, se estes não forem entendidos, evoluem para o conflito, que deságua na violência. Cabe ressaltar que esse aprendizado e essa percepção social, quando ocorrem com o estudante, são para sempre.

Eis algumas vantagens identificadas para a mediação escolar:

- O conflito faz parte de nossa vida pessoal e está presente nas instituições. "É melhor enfrentá-lo com habilidade pessoal do que evitá-lo" (Heredia, 1998).
- Apresenta uma visão positiva do conflito, rompendo com a imagem histórica de ele ser sempre negativo.
- Constrói um sentimento mais forte de cooperação e fraternidade na escola.
- Cria sistemas mais organizados para enfrentar o problema divergência → antagonismo → conflito → violência.
- O uso de técnicas de mediação de conflitos pode melhorar a qualidade das relações entre os atores escolares e melhorar o "clima escolar".
- O uso da mediação de conflitos terá consequências nos índices de violência contra pessoas, vandalismo contra o patri-

mônio, incivilidades etc.

- Melhora as relações entre alunos, facultando melhores condições para o bom desenvolvimento da aula.
- Desenvolve o autoconhecimento e o pensamento crítico, uma vez que o aluno é chamado a fazer parte da solução do conflito.
- Consolida a boa convivência entre diferentes e divergentes, permitindo o surgimento e o exercício da tolerância.

3.5. Alguns exemplos de programas de mediação escolar

Existem muitas abordagens possíveis em torno da premissa que estamos defendendo. A tese, relembramos, é de que estamos despreparados para lidar com os antagonismos, que surgem da divergência na escola atual. A divergência gera o conflito que produz a violência. Uma importante contribuição nesse sentido vem de Esteve (1995), quando afirma categoricamente:

> As relações nas escolas mudaram, tornando-se mais conflituosas, e muitos professores não souberam encontrar novos modelos, mais justos e participativos, de convivência e disciplina. (...)
> Nas circunstâncias atuais, um dos aspectos mais importantes da competência social dos docentes é a capacidade de enfrentar situações conflituosas.

Logo, a imaginação poderá produzir um sem-número de ações que permitam intervenção quer no campo da convivência com as divergências (trabalhos para atenuar os preconceitos, habilidade de conviver com o multiculturalismo etc.), quer no campo do antagonismo (habilidade para lidar com ideias e valores contrários etc.), ou mesmo no campo dos conflitos já instalados (mediação de conflito, negociação, arbitragem etc.). Qualquer pessoa que esteja disponível para ouvir e mediar duas posições distintas pode encontrar uma alternativa que seja agradável a ambas as partes envolvidas no litígio. Daí o número de exemplos de aplicação de mediação de conflitos no universo escolar ser bastante amplo. Tomemos, por ser uma tese inovadora no espaço de discussão brasileiro, exemplos concretos ou grupos de enfoques, baseados em Heredia (1999).

I.   Programas curriculares

São conjuntos de atividades curriculares com objetivos de produzir conhecimentos, habilidades e atitudes que permitam mudança de comportamento de estudantes em torno do tema conflito, possibilitando maior compreensão, nova postura interpessoal, maior esforço para dominar os instrumentos de comunicação e disposição em buscar soluções pacíficas e cooperativas.

Muitos dos programas se propõem a ensinar as técnicas de mediação a todos os alunos, utilizando-se do espaço curricular. Esse procedimento tem a vantagem de educar para a mediação toda a comunidade escolar, transpondo o limiar da técnica de mediação rumo à cultura de mediação. O que facilita demais a tarefa dos mediadores no momento de atender a um conflito.

É certo que essas inclusões de estudos sobre resolução de conflito precisam cobrir não só o campo teórico, mas demonstrar a importância da mediação na busca de solução que satisfaça a ambas as partes. As atividades práticas possibilitam aos alunos aprender como proceder nas diversas oportunidades em que a história nos ensinou a não transigir, a guerrear e a "não voltar para casa com a desfeita".

Se a teoria sobre a mediação ilumina, a prática a consagra. Podemos dizer que a parte mais teórica se refere à definição, surgimento e desenvolvimento do conflito. Este ponto deve ser estudado como fenômeno inerente à vida humana, que pode redundar em resultados positivos ou negativos, de acordo com a maneira que é conduzido. Os aspectos práticos dizem respeito mais à capacidade de dominar técnicas que auxiliem a entender quando uma situação de conflito se instala e que alternativa de negociação ou mediação é possível.

Esse aspecto do programa se baseia fortemente na premissa de que, se a violência e o preconceito são socialmente aprendidos, a paz e a mediação também podem sê-lo.

Neste ponto, gostaríamos de acrescentar algumas reflexões à proposta de Heredia. A atividade didática pode contribuir sobremaneira com a cultura de mediação e com a formação dos valores da tolerância e do respeito às diferenças. Temos, de nossa parte, estudado a técnica da controvérsia controlada como alternativa para ensinar aos alunos que a sociedade é formada por visões diferentes, e que o fato de serem diferentes não os fazem errados ou adversários (Chrispino, 2005a). Esta técnica é muito utilizada na Abordagem CTS – Ciência, Tecnologia e Sociedade, mas também foi proposta como alternativa para a resolução de conflitos por Johnson e Johnson (2004) e por Caballero (2000).

Propomos uma política de ensino que favoreça um clima escolar mais adequado e apresente alternativas para a solução violenta que se apresenta como corriqueira no campo educacional. Como exemplo de técnicas de ensino que favorecem uma escola e aula pacífica temos a controvérsia controlada, os dilemas sociais e a dramatização (Chrispino e Santos, 2011).

II. Mediação por pares

A mediação por um semelhante, ou par, é a mais encontrada, a mais extensa, a mais numerosa e a mais documentada. Essa maneira de trabalhar o conflito defende que o responsável pela mediação deve ser:

- Um adulto treinado (professor, diretor, membro da comunidade, membro externo etc.), buscando que os envolvidos encontrem uma alternativa para seu conflito e acordem entre si a melhor solução. É a forma mais simples de mediação. É bastante interessante em casos de confrontos em salas de aula, episódios de desrespeito, indisciplina e outros casos que estremecem as relações professor-aluno, ou mesmo professor-professor.

- Um "igual" àqueles que sofrem o conflito (aluno atende a alunos, professor atende a professores etc.). Entre as vantagens enumeradas pelos defensores dessa abordagem está o fato de que o mediador semelhante conhece melhor os problemas apresentados pelos que enfrentam o conflito. Esse tipo de mediação é bem aplicado em casos de ameaças, desentendimentos, mal-entendidos, "fofocas", disputas gerais entre alunos etc.

Iungman (1998), ao falar da importância desse tipo de mediação, diz:

> Os jovens entendem e confiam em outros jovens. Falam a mesma linguagem e compartilham preocupações comuns. Os mediadores-estudantes não constituem uma ameaça a outros estudantes, porque não representam a estrutura do poder.
>
> O programa de mediação de estudantes envia uma importante mensagem: "Nesta escola nós podemos falar sobre nossas diferenças. Não temos que lutar para obter justiça".
>
> Mais e mais estudantes aprenderam a atacar o problema e não as pessoas. (p. 25)

No que pese a proposta, devemos lembrar que a mediação realizada por pares é sempre uma mediação de iguais. Os mediadores poderão ser treinados para o exercício da mediação, mas precisam estar atentos para que o envolvimento e a semelhança com os envolvidos não prejudiquem o exercício de mediação. Para jovens, esse exercício de distanciamento é mais difícil.

III. Enfoque da aula pacífica

A abordagem da aula pacífica tem como fundamento um conjunto de procedimentos e dinâmicas de aula que privilegia o aprendizado cooperativo e a prática efetiva dos princípios que contribuem para o desenvolvimento de uma cultura de mediação de conflitos. Heredia (1999) sintetiza esses pontos:

- *Cooperação*: os estudantes aprendem a trabalhar juntos, a confiar, a ajudar e a compartilhar com os demais;
- *Comunicação*: os estudantes aprendem a observar cuidadosamente, a comunicar-se com precisão e a escutar com sensibilidade;
- *Respeitar a diversidade*: aprendem a respeitar e a apreciar as diferenças entre as pessoas e a entender o preconceito e como ele funciona;
- *Exposição positiva das emoções*: aprendem a expressar suas emoções e seus sentimentos, especialmente os de ira e de frustração, exprimindo-os de formas não violentas, não agressivas e não destrutivas, exercitando o autocontrole;
- *Mediação de conflitos*: aprendem as habilidades de responder criativamente e criticamente aos conflitos que ocorrem em seu contexto social mais amplo.

Nesse tipo de aula, o respeito à controvérsia e à diferença é o grande motivador do trabalho didático-pedagógico.

A realização deste tipo de abordagem está também, de alguma forma, relacionada a um contexto cooperativo de aprendizagem ou, em outras palavras, à descontinuidade da tradicional valorização de estratégias competitivas ou individualistas, e intensificação de estratégias de aprendizagem que atendem ao sucesso coletivo (Caballero, 2000).

IV. Enfoque da escola pacífica

A escola pacífica é aquela que se constrói como somatório

natural de diversos professores que exercitam a aula pacífica. Ela é alcançada quando a mediação de conflitos deixa de ser uma técnica especialmente estudada no campo cognitivo e ensaiada na ação prática didática, para fazer parte da cultura escolar, que diagnostica o conflito quando ele ainda é um antagonismo e resolve o conflito com o respeito que seus membros exigem, evitando que ele descambe para a violência.

Um exemplo interessante deste programa mais amplo é aquele desenvolvido, em 1994, pelo *San Francisco Peer Resource Programs* e pelo *The Community Board Program* (Heredia, 1999) e que reúne os seguintes pontos mínimos:

- Programa de mediação entre pares que trata os conflitos entre estudantes (dimensão horizontal), entre estudantes e adultos (dimensão vertical) e entre adultos (dimensão horizontal);
- Pais que aceitam o programa, utilizam-no em casa e dão apoio sistemático a seus filhos;
- As pessoas ligadas à escola aceitam o programa, usam suas habilidades e princípios, implementam o currículo e dirigem os conflitos fazendo a mediação entre os envolvidos;
- Ensino em sala de aula para todos os estudantes sobre resolução de conflitos, comunicação eficaz e habilidades de solução de problemas;
- Um programa de mediação de conflitos para adultos que trate de forma efetiva conflitos entre professores, entre professores e pais etc.

3.6. Resultados possíveis dos programas de mediação escolar

Quer-nos parecer que conseguimos mostrar que os programas de mediação escolar são bastante numerosos em alguns países e já acumulam alguns resultados. É certo, também, que é possível encontrar descontinuidades de programas e avaliações incipientes, por conta do pouco tempo de execução dos programas, ou porque os instrumentos comuns têm dificuldades para captar os resultados mais amplos da mediação de conflitos.

Apesar de todas essas dificuldades, que precisam ser consideradas para que a mediação de conflito não vire "panaceia" para todos os males da violência social, Kmitta (1999, p. 293) ensaia um estudo de resultados quantitativos a partir de dez programas de mediação escolar nos Estados Unidos. Esses estudos podem indicar alguns resultados promissores nesse tipo de técnica e nesse esforço de implantação da cultura de mediação de conflito. Aponta ele:

Resumo de estudos que documentam mediações e porcentagens de êxito

NOME	ANO DO ESTUDO	ESTADO	NÚMERO DE MEDIAÇÕES	ÊXITO (%)
The Ohio Commission on Dispute Resolution	1990/93	Ohio	256	100%
Model School	1993/94	Geórgia	126	96,8%
Jones e Carlin	1992/94	Pensilvânia	367	90,0%
Judge	1989/90	Ohio	125	100%
Hamlin	1993/94	Illinóis	47	94,0%
Hart	1993/94	Indiana	350	97,0%
Carpenter e Parco	1992/94	Nevada	347	86,5%
Carruthers	1993/94	Carolina do Norte	841	92,7%
Crary	1989	Califórnia	96	97,0%
Kmitta e Berlowitz	1993/95	Ohio	248	82,2%
Total			*2.803*	*88,5%*

3.7. Questões norteadoras para um programa de mediação escolar

Todo programa que se proponha a envolver um grande número de espaços de realização – escolas – deve ter o cuidado de trabalhar a partir de generalizações. O programa deve se comportar tal qual um grande e delicado tecido jogado sobre um conjunto de peças com contornos distintos. O tecido é o mesmo, mas ao alcançar a peça, toma a forma desta. Ele se amolda a cada realidade. Com o Programa de Mediação de Conflito no Universo Escolar não será diferente. Temos algumas questões que representam eixos de decisão que devem ser atendidos, ou não, no momento em que a escola debate a instalação do programa. Grande parte dessas reflexões foram trazidas por Schvarstein (1998):

CARÁTER DA MEDIAÇÃO DE CONFLITO	
OBRIGATÓRIO	VOLUNTÁRIO
A escola vai tornar obrigatória a existência de uma etapa na rotina institucional chamada "mediação de conflito" e que será pré-requisito para a solicitação de outras intervenções. Conforme modelo judicial argentino e brasileiro.	A escola criará as oportunidades de mediação de conflitos, às quais os interessados poderão recorrer caso desejem.

ALCANCE DA MEDIAÇÃO DE CONFLITO	
TODOS OS CONFLITOS	APENAS ALGUNS CONFLITOS
O programa a ser implantado se propõe a atender a todos os tipos de conflitos entre todos os atores: alunos, professores, funcionários, diretor e comunidade.	O programa atenderá apenas a um determinado tipo de conflito, com determinados atores. Este rol de conflitos poderá atender a um cronograma de implantação.

ÊNFASE DA MEDIAÇÃO DE CONFLITO	
NO PRODUTO	NO PROCESSO
A escola deseja um resultado palpável: casos resolvidos, acordos firmados, conflitos superados etc. Este aspecto secundariza o processo e busca a efetividade em termos de conclusão (números). Este tipo de posição pode mascarar a vontade de "solucionar o conflito", buscando a ordem anterior, deixando de analisar os motivos que impediram a identificação do antagonismo, que produz o conflito e gera a violência.	A escola deseja implantar a cultura de mediação de conflito e investe em procedimentos específicos para tal. Este aspecto secundariza o produto (resultado numérico), uma vez que pode haver ausência de "acordos firmados", mas uma diminuição do nível de conflito e uma melhoria no "clima escolar".

ATORES DA MEDIAÇÃO DE CONFLITO	
TODOS OS MEMBROS DO UNIVERSO ESCOLAR	ALGUNS MEMBROS DO UNIVERSO ESCOLAR
A escola deve decidir se a mediação de conflito vai atender às necessidades de todos os atores do universo escolar: alunos, professores, funcionários, diretor e comunidade.	A escola pode optar por aplicar a técnica e a cultura de mediação aos conflitos que envolvam um ou alguns dos atores do universo escolar. Por exemplo: mediação de conflitos entre alunos.

LIMITES DA MEDIAÇÃO DE CONFLITO NA ESCOLA	
SEM LIMITES	COM LIMITES
A escola entende que todos os alunos, de todas as idades, de todas as séries, de todos os turnos estarão envolvidos no programa de mediação de conflitos.	A escola entende que deva trabalhar com um ou com alguns segmentos de sua comunidade escolar. Por exemplo: alunos de 5ª a 8ª séries do universo de oito séries, alunos com mais de 15 anos, alunos do curso noturno etc.

Cabe ressaltar neste ponto que alguns conflitos são *não mediáveis* e devem estar previstos nos documentos do programa escolar. Não se pode mediar conflitos criados por subtração de direitos, por crimes ou atos infracionais que a lei indica como de informação obrigatória às autoridades competentes (agressão a menores, por exemplo).

A MEDIAÇÃO DE CONFLITO E A FAMÍLIA	
EXCLUÍDA	INCLUÍDA
A escola realiza o programa apenas no universo da escola. Não cria nenhum mecanismo de expansão da cultura de mediação até a família.	A escola se propõe a incluir as famílias no programa de mediação, por ser uma cultura social. Neste caso, deve ser indicado o procedimento de inclusão (palestras, grupos de discussão, debates, documentos etc.).

RELAÇÃO DA MEDIAÇÃO DE CONFLITO COM AS REGRAS DISCIPLINARES	
SEM RELAÇÃO	COM RELAÇÃO
A escola deve deixar claro que não há relação entre o programa de mediação de conflitos e as regras explícitas ou assumidas de disciplina escolar.	A escola informa que o programa de mediação de conflito tem conexão com as regras disciplinares existentes e que trabalhará para que não haja antagonismos.

Os regimentos (explícitos) e a tradição (implícita) podem apontar para o enfraquecimento ou mesmo falência do programa de mediação se não houver esta definição e este ajuste.

RELAÇÃO DA MEDIAÇÃO DE CONFLITO COM A AVALIAÇÃO	
SEM RELAÇÃO	COM RELAÇÃO
A escola deve deixar claro que não há relação entre o programa de mediação de conflitos e as regras explícitas ou assumidas de avaliação escolar (aprendizagem, conceito, flexibilização, mudanças etc.).	A escola informa que o programa de mediação de conflito tem conexão com as regras de avaliação existentes e que trabalhará para que não haja antagonismos.

Devemos considerar a hipótese de conflitos criados por divergência no sistema de avaliação ou mesmo a atualização deste para manutenção do poder do sistema sobre o aluno.

ESPAÇOS FÍSICOS PARA A MEDIAÇÃO DE CONFLITO	
ESPECÍFICOS	INESPECÍFICOS
A escola destina um espaço físico para acolher as reuniões entre as partes interessadas na mediação de conflito e o mediador (uma sala própria, por exemplo).	A escola acredita que a mediação de conflito pode ocorrer nos espaços existentes e disponíveis, dentre aqueles que compõem o espaço escolar (sala de aula, por exemplo).

Dirão os especialistas que é indispensável a existência de um espaço reservado para tal fim. Eles desconhecem a realidade das escolas brasileiras. O assunto deve ser discutido e as alternativas, indicadas.

TEMPO DESTINADO À MEDIAÇÃO DE CONFLITO	
ESPECÍFICOS	INESPECÍFICOS
A escola destina um tempo para a realização das reuniões entre as partes interessadas na mediação de conflito e o mediador (horário diferente do turno ou agenda específica, por exemplo).	A escola acredita que a mediação de conflito pode ocorrer no tempo normal de atividade escolar dos interessados (antes ou depois das aulas ou nos intervalos eventuais de aula, por exemplo).

IDENTIFICAÇÃO DOS MEDIADORES DE CONFLITO	
MEDIAÇÃO POR PARES	OUTROS MEDIADORES
A escola opta por fazer atendimento por pares: alunos atendem a alunos, professores atendem a professores, mediadores externos atendem a diretores e comunidade. Mesmo aqui, deve-se dizer se os alunos mediadores são do mesmo grupo, ou de séries superiores, ou idade superior etc.	A escola pode optar por capacitar mediadores com perfis diversos: alunos atendem a alunos; professores atendem a alunos; membros da comunidade atendem a alunos, professores ou diretores; professores/ diretores aposentados atendem a alunos, professores ou diretores etc.

ESCOLHA DOS MEDIADORES DE CONFLITO	
INSTITUCIONAL	OUTRAS ESCOLHAS
A escola pode trazer para si a função de escolher aqueles que serão os mediadores (professores, alunos, pais, aposentados etc.).	A escola pode criar sistemas variados para compor o quadro de mediadores: alunos indicam alunos e professores, professores indicam alunos e professores etc.

CRITÉRIOS PARA A SELEÇÃO DOS MEDIADORES DE CONFLITO	
DESEMPENHO ACADÊMICO	DIFERENCIAÇÃO SOCIAL
Os alunos podem ser escolhidos por seu melhor desempenho nos conteúdos. Os professores podem ser indicados a partir de sua titulação etc.	Os mediadores devem ser líderes com alguma projeção na rede de relações sociais da escola. Os professores devem ser reconhecidamente líderes entre seus pares.

O programa de cada escola deve prever os critérios de escolha dos mediadores. Não deve deixá-los para um amplo debate com a comunidade. Possivelmente cada uma das partes buscará um perfil que acredita ser interessante. O Programa de Mediação de Conflito no Universo Escolar tem uma função estratégica e deve ter a função de tecnologia de modificação social. Os coordenadores do programa não podem se furtar a essa reflexão e decisão.

FORMAÇÃO DOS MEDIADORES DE CONFLITO	
INSTITUCIONAL	OUTROS FORMADORES
A escola pode trazer para si a função de formar os mediadores de conflito escolhidos usando seus professores ou mesmo membros da comunidade.	A escola pode criar sistemas variados para capacitar os mediadores: docentes contratados, docentes indicados pelo órgão central, docentes de outra unidade escolar já treinados para a função etc.

É importante ressaltar que o sucesso do programa depende preliminarmente da sensibilização e capacitação das pessoas (professores, alunos e direção) que nele vão atuar direta ou indiretamente.
Não cabe perder tempo justificando o porquê da crença de que a escola e seus membros conhecem o conflito e a mediação de conflitos; seus fundamentos e suas técnicas carecem de fundamento fático.
A mediação de conflito no universo escolar é um programa com competências e conhecimentos novos, ainda não disseminados no contexto educacional.

SUPERVISÃO DOS MEDIADORES DE CONFLITO	
INSTITUCIONAL	OUTRAS ESCOLHAS
A escola pode trazer para si a função de supervisionar os mediadores de conflito, sejam eles professores, alunos, pais, aposentados etc. Poderá, inclusive, designar responsável, atribuindo--lhe carga horária etc.	A escola pode criar sistemas variados para supervisionar os mediadores: supervisão por alunos, supervisão externa (profissional, pais capacitados etc.).

SOLICITAÇÃO DA MEDIAÇÃO DE CONFLITO	
PARTES ENVOLVIDAS	TERCEIROS
A solicitação para a atividade de mediação de conflito precisa ser solicitada por um dos envolvidos ou pelos envolvidos no conflito.	O Programa permitirá que terceiros (um professor, um funcionário, um responsável, um outro aluno etc.) possam indicar outras pessoas envolvidas em conflitos para a mediação.

É claro que os especialistas em mediação de conflito indicarão a opção "voluntariedade" como fenômeno fundamental da mediação escolar. Mas é importante que a comunidade escolar esteja sensível para isso. Quem sabe se sendo indicada por terceiros, inicialmente, a mediação de conflito não alcançará a maturidade como técnica, e passará a ser acolhida por vontade dos interessados.

ROTINAS PARA OS ACORDOS RESULTANTES DA MEDIAÇÃO DE CONFLITO	
BUROCRÁTICA	NÃO BUROCRÁTICA
A escola guardará cópia dos acordos firmados entre as partes e o mediador.	A escola não manterá cópia dos acordos realizados entre as partes envolvidas

Percebam que manter cópia é diferente de manter registros sobre as mediações. Os programas de mediação devem ser acompanhados e avaliados e, com certeza, os registros quantitativos e qualitativos são indispensáveis para tal fim.

QUANDO FALHAM OS MEDIADORES DE CONFLITO	
SEM CONSEQUÊNCIAS	COM CONSEQUÊNCIAS
Não sendo alcançado o acordo desejado frente ao conflito, simplesmente se desfaz a reunião mediadora.	Não sendo alcançado o acordo desejado frente ao conflito, é convocada uma nova instância administrativa para dar continuidade ao processo. Importante indicar que instância escolar será essa e quem remete o fato não resolvido a essa instância.

CONSEQUÊNCIAS POR DESCUMPRIMENTO DOS ACORDOS DE MEDIAÇÃO	
SEM CONSEQUÊNCIAS	COM CONSEQUÊNCIAS
Havendo descumprimento dos acordos acertados nas reuniões de mediação, nada deve ser feito.	Havendo descumprimento dos acordos acertados nas reuniões de mediação, é convocada uma nova instância administrativa para dar continuidade ao processo interrompido. Importante indicar que instância escolar será essa e quem remete o fato não resolvido a essa instância. Quais as sanções?

OUTROS COMPONENTES DO PROGRAMA DE MEDIAÇÃO DE CONFLITOS NO UNIVERSO ESCOLAR

CRONOGRAMA DE IMPLANTAÇÃO

Cada escola deverá organizar seu Programa de Mediação de Conflito a partir de um cronograma exequível, indicando etapas com demarcação clara e com metas quantificáveis.

ACOMPANHAMENTO, CONTROLE E AVALIAÇÃO

Cada escola deverá propor um sistema de acompanhamento da implantação, controle do processo de implementação e avaliação de processo e de resultados. Isso permitirá a reprogramação e a diminuição dos erros identificados.

Enquanto refletimos sobre a validade ou não de um programa de mediação de conflito, somos visitados por alguns pensamentos que estão no imaginário educacional, tais como: não foi para isso que estudei e me formei! Não foi para cuidar de problemas de aluno que fiz concurso público! Não sou pago para este tipo de trabalho! Isso é trabalho de orientador educacional! Estou perto de me aposentar!

Não é nossa a proposta de contrapormo-nos a partir de cada uma dessas expressões. No exercício de controvérsia que pregamos ao longo deste trabalho, vamos, mais uma vez, apresentar grandes ideias que contemplam o "outro lado" e deixar que cada um reflita e decida. Afinal, podemos pensar diferentemente e isso faz parte das relações humanas. Porro (2004) nos apresenta sete grandes motivos para realizar o programa de mediação de conflitos:

1. A capacitação em resolver conflitos valoriza o tempo;
2. A capacitação em resolver conflitos ensina várias estratégias úteis;

3. A capacitação em resolver conflitos ensina aos alunos consideração e respeito para com os demais;
4. A capacitação em resolver conflitos reduz o estresse;
5. Você pode aplicar as novas técnicas em casa, com familiares e amigos;
6. A capacitação em resolver conflitos pode contribuir para a prevenção do uso do álcool e de drogas;
7. Você poderá sentir a satisfação de estar contribuindo com a paz do mundo.

4. Uma nova escola: a Escola da Tolerância

É bastante comum ouvirmos que estamos numa democracia. É também comum dizermos que em um Estado democrático esta ou aquela coisa não pode acontecer. Ou então que tal acontecimento infeliz não vai abalar a democracia. Ótimo, pois isso prova que prezamos o que chamamos de Estado democrático e acreditamos que estamos nele, ou que buscamos e trabalhamos por ele. Se isso é verdade, e contamos que seja, podemos enumerar alguns pilares (Bobbio, 2000) que fazem parte da história e da construção desse Estado:

1. O primeiro pilar vem ao encontro da democracia: o **ideal da tolerância**. Se hoje existe ameaça à paz mundial, essa ameaça surge de fanáticos ou de homens cegos pela crença de que a sua é a verdade exclusiva e que, pela força, ela deve ser a verdade aceita pelo coletivo. O Estado democrático pressupõe o convívio dos diferentes, garantindo-lhes o mesmo direito;

2. Como segundo pilar, temos o **ideal da não violência**. Bobbio lembra, com muita propriedade, a citação de Karl Popper quando diz que a diferença entre o Estado democrático e o não democrático é que apenas no primeiro – no democrático – os cidadãos podem se livrar de seus governantes sem derramamento de sangue;

3. O terceiro pilar são as muitas vezes ridicularizadas **regras formais da democracia**. Foram essas regras que introduziram pela primeira vez na história as Técnicas de Convivência, que se destinam a resolver conflitos sociais sem o uso da violência, permitindo que os que são diferentes ou divergentes possam conviver no mesmo espaço. Quando essas regras, que se manifestam nas técnicas de convivência, são respeitadas, os inimigos – que antes seriam destruídos – são transformados em adversários – que amanhã poderão ocupar o nosso lugar no edifício decisório da construção democrática;

4. Um quarto pilar importante na construção da sociedade atual é o **ideal da renovação** gradual da sociedade por meio do livre debate de ideias, que surgem, amadurecem e se expandem, se forem fortes e consistentes o bastante para suportarem o juízo do tempo;

5. O último pilar é o **ideal da fraternidade** (a *fraternité* da Revolução Francesa). A história da humanidade é uma história de lutas fratricidas. A democracia como a pensamos e desejamos precisa tornar-se um costume, e, para isso, é preciso reconhecer a necessidade da fraternidade entre os homens. Depois disso virá a hora em que tomaremos decisões maduras e consequentes, visando alcançar o real modelo de sociedade que alimentamos nos discursos e nos sonhos de cada dia.

Se desejamos tanto viver plenamente essa experiência de sociedade que buscamos, temos que atentar para alguns pontos indispensáveis apontados por Bobbio e que estão intimamente ligados ao que temos defendido até aqui: a **tolerância**, que redunda na **não violência** e que solicita **técnicas de convivência** para superar conflitos em nome da **renovação** de ideias e da **fraternidade**.

No momento em que iniciamos as discussões em torno deste tema, precisamos explicitar algumas diferenças conceituais. Os teóricos da tolerância aceitam pelo menos dois tipos distintos de conceito:

1. A tolerância como concessão social, que produz um extremo que tolera (superior; aquele que concede a tolerância) e outro extremo que é tolerado (inferior; aquele que recebe o benefício da tolerância). Esse tipo de interpretação pode sugerir níveis sociais ou níveis de entendimento distintos entre as partes envolvidas, reproduzindo aquilo que a tolerância deveria superar – as diferenças – e

2. A tolerância como atitude, que solicita a ação de tolerar como prática. Essa interpretação é mais condizente com o exercício de conviver com os diferentes e divergentes.

Em seu *Tratado sobre la Tolerancia*, Michael Walzer sintetiza a ideia de que precisamos relacionar a tolerância com a diversidade e a diferença, que fundamenta este trabalho. Diz ele:

> A Tolerância torna possível a diferença;
> A diferença torna necessária a Tolerância.

Nunca a diferença e a diversidade foram tão debatidas ou explicitadas. Imaginemos qual foi a sensação de Pedro Álvares Cabral ao chegar ao Brasil e encontrar uma estrutura social e de comportamento completamente diferente daquela a que estava acostumado (a carta de Pero Vaz de Caminha que o diga!). A mesma coisa ocorreu com Colombo, na América, e com Marco Polo, no extremo Oriente. Mas, hoje, a televisão nos apresenta a cultura de povos situados no outro lado do planeta. Podemos conhecer seus hábitos e seus costumes com a maior facilidade, assim como eles conhecem e adotam alguns dos nossos hábitos (o *McDonald's* que o diga!).

Se temos dificuldade para imaginar o benefício desta diversidade, basta-nos imaginar a riqueza de uma vida coletiva, nos seus aspectos social, político e cultural, na qual convivem representantes de diversos segmentos ou povos. A quantidade de informações trocadas é muito maior. A riqueza pessoal é significativa. Mas, para que esses diferentes possam coexistir no mesmo espaço é indispensável a tolerância, numa coexistência de não violência. Uma coexistência que exigirá, minimamente, um acordo político estável e moralmente legítimo, que só poderá ser alcançado em essência por:

1. **Neutralidade do Estado**: esse estado de neutralidade é próprio de um Estado democrático que realmente defende o direito de seus cidadãos pensarem e agirem diferentemente, desde que obedecidas as regras comuns da sociedade. Esse pré-requisito não é encontrado, por exemplo, nos Estados nacionalistas, onde os diferentes (imigrantes) são tratados de forma humilhante; ou no Estado não laico, ou laico "de faz de conta", onde, por conta de alianças, permite-se a ação ou injunção de uma religião sobre as demais;

2. **Associação voluntária ao estado de não violência e de tolerância**: lembremos que as crianças pequenas são naturalmente tolerantes, pois não diferenciam brancos e negros, amarelos e vermelhos, feio e bonito, gordo e magro, menino e menina. A intolerância é socialmente aprendida ao longo da vida. Se isso é verdade, e afirmamos que sim, a tolerância pode também ser socialmente aprendida se socialmente ensinada. E então, esperamos que o cidadão faça a opção pela tolerância.

Essa coexistência pacífica, cujo exercício iniciamos, pode adotar muitas formas políticas, com inúmeras implicações na vida moral do povo. Nenhuma dessas possíveis formas é universalmente válida. O exercício de buscar a uniformidade da forma política embute a ideia de que aquela escolhida é melhor do que as outras e, por isso, ela deve prevalecer, e as outras sucumbirem ou se subjugarem.

Se aceitamos que a tolerância pode existir em diversos sistemas políticos que representam um conjunto de valores diferentes, interpretações variadas, seremos levados a imaginar que é necessário relativizar a tolerância. Não podemos incorrer no erro de, em nome da tolerância, acatar práticas ou valores que atentem contra a moral constituída e a essência de um ser ou de um povo. Não podemos, por exemplo, acatar simplesmente a prática dos grupos rebeldes de Serra Leoa de amputar pés e mãos de cidadãos ou a histórica herança ritualística de extirpação do clitóris de jovens africanas. Tolera-se quando não se prega fazer a mesma coisa com os seus autores (olho por olho, dente por dente), mas lutamos para mudar a prática utilizando-nos do pilar do ideal da renovação gradual da sociedade por meio do debate de ideias, como vimos anteriormente.

O risco desse exercício de tolerância no convívio com a diversidade é cair no outro extremo. Toleramos, mas tudo deve ser feito para que os outros pensem como nós pensamos e vivemos. Foi assim ao longo da história da colonização europeia na América do Sul, na África e no Oriente. Continua sendo assim em nosso século, quando os colonizados de ontem tomaram contato com as tribos indígenas e impuseram seu modo de vida. São clássicos, ainda, os exemplos do "modo de vida americano como receita mundial", os seguidores das religiões protestantes que impingem a salvação no seu modo de ver a fé, e os partidos de esquerda que, num Estado democrático, reduzem o campo de discussão aos limites do que aceitam e pensam (estratégia gramsciana de poder).

Tolerar um indivíduo excêntrico é simples. Até porque quando o rotulamos de excêntrico, já o colocamos em situação especial. É a "área de conforto" da relação interpessoal. É diferente conviver com grupos de diferentes, de não convencionais ou de dissidentes. Uma bela experiência é observar como se comportam os membros de um grupo com a chegada de um portador de necessidades especiais no campo da visão, quando não estão acostumados a conviver com pessoas com essa característica.

Na escola, temos um amplo campo de discussão sobre a tolerância. Temos a ascensão social de classes antes impedidas de frequentarem as escolas; temos o retorno de representantes de uma classe que, pelas dificuldades econômicas do momento, voltam à escola; temos a valorização do gênero feminino e a afirmação de espaço para os homossexuais; temos a ampliação das migrações e das imigrações; temos as ações afirmativas que envolvem os negros; temos um país continental com uma única língua mas com inúmeras culturas; temos um conjunto bastante grande de religiões, sendo que algumas delas ainda mantêm vínculos estreitos com o Estado e outras crescem em poder, desmascarando a falácia do chamado Estado laico brasileiro; temos uma das maiores desigualdades de renda do mundo; temos tricolores, flamenguistas e vascaínos; corintianos, palmeirenses e são-paulinos.

Na tentativa de propor uma dinâmica para este exercício de confiança na escola frente à resolução dos conflitos, Burguet (2003) afirma que o estudante precisa entender o conflito e aprender formas alternativas para resolvê-los. A autora propõe uma contraposição de ideias que merecem reflexão e nos convida a:

- Fazer as pazes com o conflito. Tenha coragem de ter conflitos.
- Fazer as pazes com o realismo. Tenha coragem de aceitar-se.
- Fazer as pazes com a reconciliação. Tenha coragem de ceder.
- Fazer as pazes com o outro. Tenha coragem de conviver.

Este último convite de Burguet nos faz lembrar que uma das determinações da Comissão Internacional sobre Educação para o Século XXI é: *aprender a conviver,* além do *aprender a conhecer, aprender a fazer* e *aprender a ser.* Sobre isso, escrevem Schwerter e Lopez (2001): "Aprender a conviver implica aprender a viver em paz, implica aprender o domínio da própria agressividade e da de seus semelhantes".

Enfim, temos tudo para que a diversidade humana se chame Brasil. Temos tudo para que esta diversidade se encontre no espaço que a sociedade destinou para a formação dos valores que acredita importantes: **a escola**.

Estamos diante da necessidade de encararmos o multiculturalismo e buscarmos caminhos para que a escola reconheça sua composição heterogênea e encontre mecanismos para que esses alunos-heterogêneos entendam, compreendam e admirem sua própria diversidade.

Ao fim, gostaria de narrar uma experiência que bem demonstra como a escola não está preparada para conviver com os divergentes e com os diferentes, acarretando conflitos e violência de toda sorte. Certa feita, estávamos coordenando uma mesa-redonda sobre educação quando um dos expositores, professor num acampamento rural do MST, apresentou uma frase extraída de seu convívio com as crianças acampadas, quando se falava sobre elas estudarem nas escolas formais. Dizia algo assim:

"Se a escola do rico fosse boa, ele não dava ela pra nós."

Parece que fica claro que chegamos ao ponto em que não só os que chegam à escola têm dificuldades para lidar com os que chamam de "divergentes", como os que buscam o direito de chegar à escola, pensam, desde antes, que ela não é boa para eles.

Ficam, para nós, as seguintes perguntas:

- Por que ambos deveriam fazer da escola um espaço feliz?
- Que tipo de intervenção estamos promovendo hoje a fim de contribuir para a construção de uma sociedade mais tolerante?
- Afinal, que escola e que sociedade estamos construindo para o futuro?

5. A mediação de conflito e outras políticas: tópicos de orientação

Neste item, vamos listar algumas questões chamadas norteadoras para cada uma das políticas propostas, com o intuito de orientar as possíveis discussões e permitir que os interessados no tema possam ir adiante em suas reflexões.

Quadro resumo

Política pública: introdução da mediação de conflito e redução da violência no espaço escolar.

Justificativa: a escola tem sofrido com inúmeros episódios de violência em vários níveis e com os conflitos envolvendo seus diversos atores. Isto tem causado dificuldade para alcançar seus reais objetivos.

Etapa principal: criar condições para que a escola possua a cultura de mediação de conflito entre todos os seus atores.

Etapas necessárias: conhecer a cartografia da violência e do conflito no ambiente escolar por meio de uma Avaliação da Violência Escolar; criar a curto prazo um Plano de Segurança nas escolas; estabelecer a necessidade de se adequar lentamente os prédios escolares numa visão de escola segura; capacitar pessoal e mudar a dinâmica da gestão.

Estratégia: *sensibilizar* para a necessidade de se discutir o assunto; *conscientizar* para a necessidade de mudar a maneira como a escola trata o assunto, e *operacionalizar* ações efetivas para diminuir os conflitos e reduzir a violência escolar.

Abordagem e parceiros: iniciar discussão junto aos diretores sobre a maneira de ver e entender o conflito e a violência na escola. Construir o processo junto com professores, alunos e comunidade.

Avaliação final: existência de Plano de Segurança na Escolas – PAS nas Escolas e a instalação de mediadores de conflito no ambiente escolar.

Ganho indireto: o aprendizado da mediação de conflito na escola torna-se patrimônio cultural do futuro cidadão. Espera-se que esse tipo de cultura possa ser utilizado em outros setores da relação social.

5.1. Aspectos de gestão

Vamos, neste ponto de nosso trabalho, apresentar algumas questões pertinentes à gestão de um programa de redução da violência escolar. Vamos retomar as propostas de ação com perguntas norteadoras e/ou com itens de orientação para sua aplicação na escola e nas redes de ensino.

Nossa preocupação aqui será a gestão (concepção, implantação, implementação e avaliação).

5.1.1. Programa de Avaliação da Violência Escolar (Gaustad)
- É uma ferramenta para entender o problema, orientar as decisões e organizar prioridades;
- Abrange e avalia desde a estrutura física até os procedimentos de emergência;
- Deve envolver a todos: direção, professores, alunos, pais, comunidade e agentes públicos;
- Deve prever o uso de analistas externos, tendo em vista a isenção;
- Deve abranger aspectos conceituais, qualitativos e quantitativos.

A avaliação da violência escolar deve responder a perguntas como (Walker):
- Como a escola explica e entende conflito, ordem, disciplina e violência interna e externa?
- O que pode fazer a escola para prevenir o comportamento violento?
- Qual é a política da escola para armas e violência?
- Estão os alunos esclarecidos e conscientes dessa política para que possam cumpri-la de maneira correta?
- E se eles não cumprirem, o que ocorrerá?

- Está a escola sensível e aberta para saber/pesquisar por que eles não cumprem?
- De que maneira o comportamento violento é apoiado ou desencorajado (direta ou indiretamente) pelo clima organizacional da escola e pelas expectativas das pessoas?
- O que se tem feito para denunciar o problema da violência da escola aos alunos e que espaço se dá para tê-los como parceiros das soluções?
- O que se tem feito para ensinar aos alunos como resolver seus problemas ou diferenças por meio da mediação de conflito?
- Está a escola preparada para identificar um clima da violência latente, antes de ele se tornar efetivo?
- Está a escola preparada para fazer a mediação de conflito entre alunos, entre professores, entre estes, entre aqueles e a direção?
- Tem a escola um registro seguro e confiável das ocorrências de violência identificando os envolvidos, idade, sexo, moradia, tipo de ocorrência (incivilidade, violência corporal, violência contra seus alheios, vandalismo/depredação, porte de armas etc.)?
- Tem a escola se preparado para mapear o problema e propor soluções eficazes?
- Como a escola usa o espaço curricular para inserir temas como violências, crime e tecido social?

Ações consequentes: análise do clima escolar – estudos têm demonstrado que as escolas com baixos níveis de comportamento violento possuem um clima institucional mais positivo, em que a relação comunitária, a política eficaz de inclusão e a boa intuição são evidentes. Quando o aluno se sente apreciado por, pelo menos, um adulto, a probabilidade de optar pela violência é menor.

5.1.2. Como tratar a violência e o violento

É necessário apresentar e discutir fatos incontroversos:
- Existe uma violência estreitamente ligada à criminalidade;
- Existe uma violência fora do contexto da criminalidade, e não é só no Brasil (EUA, França, Canadá, Uruguai, Bélgica, Espanha, Alemanha etc.);
- Alunos e professores praticam a violência no espaço escolar;
- Existe uma crise na gestão social afetando todo o conjunto (desemprego, perda de poder aquisitivo, insegurança etc.);
- Existe uma mudança no modelo de família, na sua dinâmica e nos seus valores (famílias monoparentais, famílias com mães adolescentes, violência/omissão/permissividade familiar etc.);
- Existe uma violência escolar importada da situação social, mas existe um modelo de escola que cria suas próprias relações internas, com seus conflitos e violências;
- O fato de viver em condições ruins predispõe, mas não determina, que o aluno seja mais violento.

A escola não se preparou para conviver com o conflito natural causado por uma clientela diversificada e divergente.
- Encara o conflito como atentado à "ordem" escolar;
- Trata a todos como se fossem iguais, aumentando a desigualdade. Faz de conta que todos são iguais e que os alunos de hoje são iguais aos de vinte anos atrás;
- Segue o seguinte rito no momento do conflito ou violência:
  1. Tira o(s) aluno(s) da sala;
  2. Suspende o(s) aluno(s);
  3. Expulsa o(s) aluno(s).
- Desconhece princípios gerais simples, que poderiam auxiliar na gestão da violência:
  - Homens são oito vezes mais numerosos que mulheres em episódios de violência;

- Homens violentos envolvidos com drogas são maioria;
- Comportamentos machistas (de afirmação inclusive) reforçam a violência;
- Escolas menores registram menor número de episódios violentos;
- Em 1996/1997, 95% das escolas públicas americanas não tiveram violência externa e 57% delas reportaram pelo menos um delito de violência à polícia;
- Nos EUA, o número de alunos com armas no colégio diminuiu em 31% nos anos de 1996/1997 e 1997/1998;
- Existe uma diferença entre padrões culturais ou de civilidade em grupos sociais de origem diversa, ou com culturas distintas, ou com motivos de agrupamento diferenciados. Isso leva a um descompasso entre o entendimento e a padronização de regras de conduta, de relação, de obediência, de convivência, de sociabilidade;
- Existe uma violência criada e mantida na escola que se inicia com o autoritarismo pedagógico e o estabelecimento de normas disjuntas da realidade. Essa violência escolar endógena pode ser alimentada (Itani) pela disponibilização evento de vagas, pelo uso da avaliação como instrumento de poder, pelo uso do rendimento escolar como arma de segregação pelo "ranking". Podemos ainda agregar fracasso escolar (Tavares dos Santos).

A escola deve buscar condições para:
- Identificar os alunos potencialmente violentos e intervir antes que os eventos se concretizem (isso serve para grupos e para professores com potencial de criar "espaços de relações violentas");
- Criar condições para que todos os estudantes sejam bem tratados – antes, durante e depois de eventos de violência esco-

lar –, buscando evitar ressentimento de pessoas, grupos ou subgrupos;

- Criar e montar um sistema de mediação de conflitos (que será discutido em outro ponto);
- Criar ações curriculares que permitam discutir o contexto da violência e não do "violento".

5.1.3. Plano de Ação para Segurança nas escolas – PAS nas Escolas

Temos que considerar a possibilidade de, apesar de todos os esforços, ocorrer episódio de violência na escola e, por isso, devemos estar preparados para agir em qualquer uma das hipóteses. Essa ação não pode ser realizada de improviso, o que solicita um plano de ação para segurança. Este pode ser encomendado a qualquer bom tecnocrata e será recebido pela comunidade escolar como um pacote com o qual ninguém tem compromisso, mas pode também ser produzido pelo conjunto de atores envolvidos e interessados pelo êxito da paz na escola. Leva mais tempo, é mais fácil de conduzir, mas cria maior comprometimento. (Gaustad)

O "PAS nas Escolas" deve:

- Ser amplo, abrangendo ações gerais como estudo de rotinas seguras (rotas escolares, identificação de pontos de ônibus e estações de metrô, interferência nos horários de ônibus noturnos, mapeamento da criminalidade no entorno etc.), e, depois, atender às particularidades de cada tipo de episódio violento. Deve responder a situações tais como ameaça de bomba na escola, troca de tiros no interior e proximidade; identificação de alunos portando armas, identificação de indivíduo estranho portando armas, homicídio na escola ou nas proximidades, situações com reféns, invasões etc.
- Designar pessoas para as tarefas específicas listadas no "PAS nas Escolas";

- Criar canais programados previamente para comunicação entre: escola/comunidade, escola/pais, escola/mídia, escola/agentes públicos;
- Estudar estratégias para depois dos episódios violentos: notas para a imprensa (quem prepara/manda); encontro com os pais (onde, quem convida, quem fala etc.), encontro com alunos (quantos alunos em cada grupo, qual a melhor divisão para chegar ao sucesso do encontro, quem convoca, quem fala, quais as lideranças estudantis que devem ser acionadas). De acordo com os episódios, que agentes públicos (quais, quem e onde estão) devem ser solicitados: psicólogos, assistentes sociais, religiosos etc.

5.1.4. Prédios e instalações que previnem a violência escolar (Schneider, 2001a)

As medidas convencionais de segurança dão ênfase ao que é proibido e se baseiam no "temos". Esse sistema resolve momentaneamente o "sintoma", mas mascara o problema de fundo.

Elementos centrais dos prédios seguros:
- Vigilância natural – cuidar do ambiente como um todo, retirando muros internos, arbustos altos, paredes desnecessárias, dispondo janelas e ou "paredes de vidro" em locais estratégicos que permitam a visão do espaço escolar como um todo. Identificar lugares de maior incidência de episódios violentos;
- Controle de acesso – criar uma política de acesso e de trânsito, determinando quem pode e quem não pode entrar; em que horário é possível ou não entrar; em que locais da escola é possível a este ou aquele entrar e transitar, e em que horário ou circunstância. Estudar o número de entradas e saídas e reduzi-las a um número que permita supervisão. Cuidar para que os acessos não possuam motivos de aglomeração

tais como cantinas, caixas eletrônicos, telefones públicos etc.;
- Territorialidade – demarcar o "espaço da escola" e declarar que dentro dele a escola está presente com regras claras de controle. Seria bom que esse território abrangesse o entorno mais próximo da escola;
- Pertencimento – desenvolver o sentimento de que o aluno pertence/faz parte daquela escola. Que aquela escola pertence/faz parte daquela comunidade. O uniforme é uma forma de desenvolver isso, além de identificar o aluno e o não aluno. Espaços e canais institucionais de diálogo e mediação de conflito também criam esse sentimento.

Como adequar os prédios escolares para que fiquem mais seguros:
- Ter registro das ocorrências (violência física, incivilidades, violência contra os bens, violência contra o patrimônio), com hora, local e envolvidos, para conhecer o problema de cada escola. Essa análise deve incluir o espaço interno e as proximidades da escola. A interação com o registro policial é desejável. Apesar de haver um padrão de violência escolar – o que pode sugerir que ela tem origem fora da escola – a violência é diferente em cada escola – o que pode indicar que existem variáveis internas e dinâmicas que influenciam no quadro de violência. Por isso, é importante o registro específico de cada escola.
- Grande parte dos prédios escolares foi construída já há algum tempo, representando o momento da época. Hoje o momento é outro e as exigências arquitetônicas são outras. É claro que não podemos demolir todos os prédios para reconstruí-los; logo, devemos aproveitar cada obra de manutenção do prédio para adequar o espaço físico, na tentativa de diminuir a violência.
- Estudar rotas mais seguras de acesso ao espaço escolar e abrir

ou fechar acessos a partir disso.

- Estudar a luminosidade em vias públicas próximas e utilizadas pelos alunos e posicionar os pontos de ônibus e estações de metrô.
- Retirar cafeterias, caixas eletrônicos, telefones públicos, papelarias etc. das entradas para evitar aglomeração e movimento envolvendo dinheiro.
- Pátios e estacionamento são locais privilegiados para ocorrência de violência no espaço escolar. Esses espaços devem merecer atenção e ser preparados para a vigilância natural.
- Os pátios devem ser planejados. Retirar objetos desnecessários, planejar espaços distintos para que grupos distintos (ou rivais) se mantenham separados naturalmente, se assim o desejarem.
- A estrutura física melhorada não pode desconsiderar que a relação numérica adulto/jovem é indispensável. Mais ainda quando o adulto possui qualidades desejáveis para a ação.

5.1.5. Tecnologias na segurança escolar

É comum a crença de que a tecnologia irá resolver o problema da insegurança. É importante conhecer as vantagens e desvantagens das tecnologias disponíveis.

Chaves ou cartões magnéticos
- Auxiliam no controle de acesso e de trânsito interno;
- São fáceis de serem cancelados;
- Permitem o controle de tempos e movimentos. Em uma escola com gestão informatizada, isso substituiria a chamada do aluno, aumentando o tempo efetivo para a aprendizagem;
- Permitem selecionar níveis de acesso no espaço escolar;
- Têm como desvantagens o custo de compra e de manutenção do sistema (roletas com leitores, portas com leitores, sistema

integrado, software, rede de computadores, fabricação de cartões magnéticos etc.).

Alarmes
- Servem para detectar invasores em áreas e/ou horários específicos;
- Servem para "momentos de pânico";
- De nada servem se não houver uma gestão comprometida: quem liga e quando? Quem tem acesso aos códigos?
- São inúteis quando há conluio dos atores da violência com pessoas ligadas à escola. São as "coincidências"!

Detectores de metal
- São equipamentos caros para a compra e para a manutenção;
- São difíceis de justificar em escolas com baixa criminalidade, uma vez que afetam profundamente o contexto da escola;
- Seus resultados são contraditórios:
  - Os estudantes podem "passar" armas por outros espaços da escola (muros, basculantes, janelas etc.). O equipamento daria uma falsa sensação de segurança.
  - O uso do equipamento requer a utilização de uma única entrada, causando aglomeração e perda de tempo. Lembremos do que vivemos nas filas dos bancos e nos aeroportos!
  - O equipamento exige mais de uma pessoa para sua operação de forma adequada. Imagine o que deve ser feito quando o alarme é acionado: o que se faz quando é encontrada uma arma com um aluno ou em sua mochila? Qual a legitimidade de um funcionário público da escola para proceder a uma revista pessoal ou de bens alheios?

Câmeras de vídeo

- Devem ser usadas quando se deseja identificar pessoas envolvidas e quando se quer vigiar uma área distante ou específica;
- Imagina-se que possam inibir atos violentos;
- As câmeras são frágeis e facilmente anuladas. Além disso, sua qualidade de registro fica comprometida pela falta de luminosidade, pela chuva, pela névoa etc.;
- Dificilmente este equipamento permite uma ação em tempo real. Serve, sim, para ações posteriores ao evento registrado;
- Exige um observador permanentemente.

Ao escolher a tecnologia, a escola deve levar em conta o custo/benefício, as taxas de erro de cada sistema e, acima de tudo, que estes aparatos interferem no contexto escolar, na "ecologia social da escola", reforçando o clima de temor e desconfiança, o que dificulta as ações de proximidade social que são perenes, sólidas e desejáveis.

5.2. Aspectos de política pública

Neste ponto buscamos tratar do tema a partir da ótica da política pública, aqui entendida como conceitua Bucci (2002), o qual sustenta que políticas públicas são programas de ação governamental visando coordenar os meios à disposição do Estado e as atividades privadas, para a realização de objetivos socialmente relevantes e politicamente determinados (Chrispino, 2005b).

Neste ponto, indicaremos como a ação de governo deve encaminhar os itens que compõem a Política de Redução da Violência, desde a identificação do foco a ser seguido até a estruturação da rede de ação, visando consumar as políticas setoriais necessárias para o sucesso do programa. As propostas a seguir estão estruturadas para políticas públicas capitaneadas pela Secretaria de Estado de Educação, mas podem ser adaptadas para que uma Secretaria

Municipal de Educação as desenvolva. O desenho da política foi anteriormente apresentado por Chrispino e Dusi (2008), *Políticas de Redução da Violência Escolar e Promoção da Cultura de Paz.*[9]

5.2.1. Níveis de gestão

As Políticas de Redução da Violência Escolar e Promoção da Cultura de Paz serão divididas em três níveis, a seguir detalhados:

A. Gestão de rede ou sistema;

B. Gestão escolar; e

C. Gestão do ensino.

A. *Gestão de rede*

Foco: articulação dos agentes públicos na busca da proteção integral à criança e ao adolescente.

Parceiros potenciais

* Secretaria de Estado de Segurança Pública;
* Secretaria de Estado de Desenvolvimento Social e Trabalho;
* Secretaria de Estado de Saúde;
* Secretaria de Justiça, Direitos Humanos e Cidadania;
* Tribunal de Justiça – Vara da Infância e da Juventude;
* Ministério Público;
* Ministério da Educação;
* Grupos universitários que estudem o tema com a ótica da intervenção na realidade.

Ações possíveis

* Criar a Ação Governamental por meio da explicitação do problema e de reunião dos agentes públicos na busca de soluções

---

9   O aspecto de Cultura de Paz está baseado em Dusi, Miriam L.H.M. *A Construção da Cultura de Paz no Contexto da Instituição Escolar*, Dissertação de Mestrado, Universidade de Brasília, 2006.

(grupo gestor estadual e por regionais de ensino).

- Mapear as escolas com maior índice de violência, uso e tráfico de drogas, oferecendo ações que busquem minimizar estes problemas.
- Organizar ações de repressão ao uso de drogas em áreas circunvizinhas às escolas indicadas.
- Preparar plano de mídia impressa (cartazes etc.), televisiva e demais meios de comunicação, utilizando-se inclusive de esquetes já existentes e disponíveis nos meios de comunicação, com vistas à divulgação positiva e à promoção de reflexões e ações acerca dos elementos constitutivos da Cultura de Paz.
- Disponibilizar um disque-denúncia para a comunidade e gestores.
- Organizar ações sempre em conjunto com a comunidade escolar.
- Organizar com a Vara da Infância e Juventude, Batalhão Escolar, Ministério Público e representante dos pais o sistema de atendimento a menores envolvidos com tráfico e/ou uso de drogas ou em episódios de violência escolar.
- Planejar estrategicamente as ações de repressão e prevenção das drogas e violências com a Vara da Infância e Juventude, Batalhão Escolar, Ministério Público e representante dos pais.
- Orientar as crianças e jovens dependentes químicos para programas de recuperação.
- Oferecer programas e projetos que permitam aos jovens opções de lazer, cultura, esporte etc.
- Orientar a comunidade escolar quanto aos procedimentos adequados a serem adotados em episódios de violência na escola.
- A partir das demandas das unidades escolares, elaborar cartilha orientadora de ações e procedimentos frente aos episódios de violência escolar.
- Oferecer diferentes instrumentos de avaliação dos níveis de

violência entre os diversos atores escolares (aluno, professor, funcionário, comunidade) para aplicação pelas escolas junto à comunidade escolar de acordo com as suas necessidades.

- Capacitar os agentes públicos envolvidos para ação em rede, visando à efetiva resposta aos problemas apresentados pelos grupos gestores regionais e escolas.
- Organizar acervo bibliográfico sobre o tema em cada instituição pública de ensino, de modo a subsidiar os atores escolares quanto à fundamentação teórico-prática referente à redução de violência e promoção da Cultura de Paz.
- Elaborar publicação periódica voltada aos alunos da rede pública de ensino com foco na prática da cidadania, prevenção da violência, promoção da paz e compartilhamento de experiências entre as Diretorias Regionais de Ensino, de modo a estimular a vivência cidadã, além de, simultaneamente, constituir instrumento pedagógico de prática de leitura.
- Apresentar a Política de Redução da Violência e Promoção da Cultura de Paz a todas as instituições de ensino, por meio dos gestores e corpo docente.

Estratégia proposta:
- Criação do Grupo Gestor Estadual para a Política de Redução da Violência e Promoção da Cultura de Paz.
- Criação de grupo gestor em cada regional de ensino, sob a coordenação de um profissional da Secretaria de Educação, com o objetivo de receber as questões escolares e demandar ações para a solução dos problemas evidenciados, à semelhança dos Conselhos de Segurança Escolar, mas com ênfase operacional e com agentes públicos capazes de responder às demandas em curto prazo.

B.   Gestão escolar
Foco: identificação de problemas e solicitação de soluções aos agentes públicos do Grupo Gestor Regional

As políticas setoriais de redução da violência nas escolas devem considerar as particularidades das unidades escolares. Este conjunto de ações deve focar-se na unidade escolar e deve ser orientado pela comunidade escolar a fim de identificar problemas e buscar soluções específicas para cada escola.

Os problemas identificados devem ser encaminhados ao Grupo Gestor Regional que promoverá as ações necessárias para a efetiva resolução.

Parceiros potenciais
- Secretaria de Estado de Educação/Regional de Ensino;
- Agentes públicos do entorno da unidade escolar;
- Gestores escolares;
- Professores e corpo administrativo;
- Comunidade;
- Grupos universitários que estudem o tema com a ótica da intervenção na realidade.

Ações possíveis

I. Programa de Avaliação de Violência Escolar
Constitui uma ferramenta para entender o problema, orientar as decisões e organizar prioridades em cada unidade escolar envolvida. Esta ferramenta de gestão deve:
- Abranger e avaliar desde a estrutura física até os procedimentos de emergência;
- Envolver toda a comunidade: direção, professores, alunos, pais, comunidade e agentes públicos;

- Abranger aspectos conceituais, qualitativos e quantitativos; por meio de registro adequado e fidedigno de todas as ocorrências que envolvam a violência escolar.
- Identificar os tipos de violência mais frequentes na instituição de ensino (seja contra pessoas, patrimônio público ou bens alheios), local de ocorrência, turno, pessoas envolvidas, frequência e procedimentos adotados.
- Identificar as dúvidas e necessidades do corpo docente e gestor quanto aos procedimentos de encaminhamento, mediação de conflitos e resolução dos problemas evidenciados.
- Apresentar os resultados da avaliação à comunidade escolar e à Diretoria Regional de Ensino com vistas à sensibilização quanto à realidade local e envolvimento em sua melhoria.
- Criar ações curriculares que permitam discutir o contexto da violência e não do "violento"; o uso de drogas; o *bullying* etc; bem como dos elementos constitutivos da Cultura de Paz, como direitos humanos, diversidade cultural, valores éticos, cidadania etc., de modo pontual ou transversal;
- Identificar as ações escolares desenvolvidas com vistas à agradabilidade e segurança do ambiente escolar, bem como os programas, projetos ou atividades que visam à redução da violência, à solução alternativa de conflitos e à construção da Cultura de Paz na escola.
- Identificar as formas de comunicação e interação intraescolar, envolvendo corpo discente, corpo docente, gestores, funcionários, famílias e comunidade, com vistas à criação de um espaço mais ativo de diálogo e de comunicação entre os diversos atores escolares;
- Proporcionar junto aos alunos o desenvolvimento do sentimento de territorialidade;
- Promover junto aos alunos, corpo docente e comunidade o desenvolvimento do sentimento de pertencimento.

II. Avaliação dos prédios e instalações com vistas à prevenção da violência escolar

Esta ação buscará a adaptação e recuperação de prédios e espaços escolares visando à maior segurança dos estudantes, do corpo docente e dos funcionários da instituição.

- Planejar a recuperação de prédios com a concepção de prédios escolares seguros.
  - A implantação do conceito de vigilância natural dos espaços escolares;
  - O controle de acesso à escola;
  - A necessidade de registro das ocorrências, com hora, local e envolvidos, visando ao conhecimento do problema de cada escola.
- Estudar rotas mais seguras de acesso ao espaço escolar e executar o seu projeto arquitetônico.
- Estudar a luminosidade internamente e em vias públicas próximas utilizadas pelos alunos.
- Estudar as proximidades da instituição de ensino, incluindo áreas que possam dificultar a segurança escolar, como becos, matagais, áreas de limpeza urbana precária etc.
- Mapear as distâncias, tempos e condições de segurança entre a escola e os pontos de ônibus e estações de metrô.
- Estudar a posição das cantinas, caixas eletrônicos, telefones públicos, papelarias etc. a fim de evitar aglomeração e movimento envolvendo dinheiro.
- Preparar os pátios e o estacionamento para a vigilância natural.
- Reestruturar a oferta de vagas considerando o número de alunos por unidade escolar e a diferença de idade entre os diversos alunos que estão presentes na unidade.

III. Plano de Ação para Segurança nas Escolas

Esta ação considera a possibilidade de, apesar de todos os esforços, ocorrer episódio de violência na escola, devendo-se, portanto, organizar um plano orientador de ações. Este tipo de episódio deve ser atendido pela intencionalidade explícita da escola, concretizada em um plano de ação para segurança, que deve ser produzido pelo conjunto de atores envolvidos e interessados pelo êxito da paz na escola, com apoio de profissionais especializados nas diversas áreas.

O Plano de Ação para a Segurança nas escolas deve:
- Ser amplo, abrangendo ações gerais, como estudo de rotinas seguras (rotas escolares, identificação de pontos de ônibus e estação de metrô, interferência nos horários de ônibus noturnos, mapeamento da criminalidade no entorno etc.), e, posteriormente, atendendo às particularidades de cada tipo de episódio violento. Deve responder a situações tais como: aluno portando drogas, aluno sob efeito de drogas, ameaça de bomba na escola, troca de tiros no interior e nas proximidades da instituição, estupro, identificação de alunos portando armas, identificação de indivíduo estranho portando armas, homicídio na escola ou nas proximidades, situações com reféns, invasões etc.;
- Designar pessoas para as tarefas específicas listadas no Plano de Ação para a Segurança nas Escolas, proporcionando sua devida capacitação;
- Criar canais programados previamente para comunicação entre escola/comunidade, escola/pais, escola/mídia, escola/agentes públicos;
- Estudar estratégias de ação para depois dos episódios violentos: notas para a imprensa (quem prepara/manda); encontro com os pais (onde, quem convida, quem fala etc.), encontro com alunos (quantos alunos em cada grupo, qual a melhor divisão

para chegar ao sucesso do encontro, quem convoca, quem fala, quais as lideranças estudantis que devem ser acionadas). De acordo com os episódios, que agentes públicos (quais, quem e onde estão) devem ser solicitados: psicólogos, assistentes sociais, religiosos, policiais etc.

IV. Mediação de conflito escolar e Cultura de Paz

Esta ação propõe a introdução do tema mediação de conflito no currículo escolar, visando à oportunidade de verbalizar a questão e tornar claro o que se espera das crianças e dos jovens no conjunto de comportamentos sociais. De outra forma, tal ação implica dizer ao jovem e à criança que suas diferenças podem se transformar em antagonismos e que, se estes não forem entendidos, evoluem para o conflito, que deságua na violência. Cabe ressaltar que esse aprendizado e essa percepção social, quando ocorrem com o estudante, são para sempre.

Para tanto, faz-se necessária a capacitação/formação de professores e profissionais da escola sobre o tema, abrangendo os assuntos relativos à Política de Redução da Violência e Promoção da Cultura de Paz no contexto escolar.

Estratégia proposta

Fortalecer a gestão escolar por meio do esclarecimento resultante da avaliação periódica da violência e oferecer solução por meio de rede integrada de agentes públicos.

Criar rotinas de implantação e implementação de projetos de mediação de conflitos, de promoção de Cultura de Paz e reestruturação física.

MEDIAÇÃO DO CONFLITO ESCOLAR

C. *Gestão do ensino*
Foco: exercício do debate de temas que compõem o universo do aluno com ênfase na solução alternativa de conflitos, no valor da diversidade, no exercício da tolerância e na implantação da Cultura de Paz.

As políticas setoriais de redução da violência e promoção da Cultura de Paz nas escolas devem incluir o espaço da sala de aula como espaço estratégico para o debate e amadurecimento de temas ligados à violência escolar.

Parceiros potenciais
- Secretaria de Estado de Educação / Regional de Ensino / Coordenação Pedagógica; gestores escolares;
- Professores, coordenadores e equipe pedagógica;
- Comunidade escolar;
- Grupos universitários que estudem o tema com a ótica da intervenção na realidade.

Ações possíveis
As ações envolvendo a gestão do ensino podem ser desenvolvidas na relação em sala de aula e/ou na relação com a comunidade escolar, considerando:
- Ampliação de programas, projetos e ações, já existentes na rede oficial, voltados para o tema e que possam atender às necessidades dos alunos e da comunidade em curto prazo.
- Utilização dos espaços escolares para a capacitação e a qualificação da comunidade do entorno visando à preparação para o trabalho.
- Identificação de materiais instrucionais e capacitação para a comunidade escolar.
- Criação de espaços em atividades curriculares cotidianas. A

comunidade escolar deve identificar a oportunidade de debate sobre temas que toquem diretamente ou indiretamente os assuntos que caracterizam a violência escolar e a construção da Cultura de Paz. Esses temas incluem o uso de drogas, tabagismo, câncer, estudos de expectativas de futuro, formação de grupos e comparação social etc., bem como temas relacionados a cidadania, direitos humanos, valores, diversidade cultural, tolerância, dentre outros, que constituem elementos promotores de ações pacíficas.

- Criação de ações interdisciplinares que permitam a exposição e o debate sobre temas do universo escolar, contemplando os mais diversos aspectos como saúde, sociedade, poder etc.
- Desenvolvimento de programas, projetos ou ações que promovam a abordagem, reflexão e vivência dos elementos coadunados à promoção da Cultura de Paz na escola, abrangendo aspectos de relacionamento interpessoal, saúde e qualidade de vida de toda a comunidade escolar.
- Desenvolvimento de programas, projetos ou ações que promovam o pertencimento escolar.
- Desenvolvimento de programas, projetos ou ações que promovam valores dignificantes que resultem no resgate da territorialidade escolar.
- Acompanhamento e avaliação periódica dos programas, projetos e ações desenvolvidos pelas instituições de ensino relacionados ao tema.
- Implementação da Técnica de Controvérsia Controlada como alternativa didática para o aprendizado das diferenças e exercício da tolerância.

Estratégias propostas

- Criar ações de ensino que permitam a discussão e o debate sobre temas do cotidiano, visando à solução alternativa de conflito, a mediação de conflito, a promoção da Cultura de Paz, a diversidade e a tolerância.

- Desenvolver projetos que fortaleçam o conceito de pertencimento e de territorialidade escolar.
- Desenvolver ações educacionais e socioambientais que permitam uma melhor visão do futuro para os alunos (taxa de gratificação de futuro).

5.2.2. Avaliação do programa

O programa, os projetos e as ações que compõem a Política de Redução da Violência e Promoção da Cultura de Paz serão avaliados observando-se os seguintes itens:

- Capacidade de resposta do Grupo Gestor Regional às demandas das unidades de ensino.
- Diminuição dos episódios de violência nas unidades escolares.
- Existência e efetividade de projetos e ações de ensino sobre o tema.
- Melhoria física e segurança das unidades escolares.

5.2.3. Instituições envolvidas e suas ações

A. Governo estadual
Secretaria de Estado de Educação

- Coordenar a ação do Grupo Gestor.
- Coordenar a ação do Grupo Gestor de cada regional de ensino e zelar pela resposta às demandas oriundas das unidades escolares.
- Desenvolver projetos de integração escola-comunidade, oferecendo às escolas um conjunto de projetos e programas a fim de que possam ser escolhidos aqueles que melhor se adaptem à sua realidade.

- Adequar as unidades escolares, por meio de construção ou reforma, no que se refere a pátios e demais espaços de convivência, cercas, salas de aula, salas de leitura, espaços de recreação e esporte etc.
- Dotar as unidades escolares de sistemas de segurança (câmeras, alarmes etc.).
- Preparar um plano de recomposição dos quadros de servidores administrativos, especialmente agentes de portaria, vigias etc.
- Propor uma revisão nas políticas de atendimento às unidades de ensino localizadas nas instituições que aplicam medidas socioeducativas e de liberdade assistida.
- Ampliar o número de unidades escolares que atendam aos programas de relação comunitária, tal como o Programa Escola Aberta.[10]
- Organizar com a Vara da Infância e Juventude, Batalhão Escolar, Ministério Público e representante dos pais o sistema de repressão ao uso e tráfico de drogas.
- Organizar, juntamente com os parceiros institucionais, a Cartilha de Orientação acerca das ações e procedimentos frente aos episódios de violência escolar.

---

10   Este é um programa desenvolvido pela Secretaria de Educação Continuada, Alfabetização e Diversidade, do Ministério da Educação para as redes municipal e estadual. "O programa busca repensar a instituição escolar como espaço alternativo para o desenvolvimento de atividades de formação, cultura, esporte e lazer para os alunos da educação básica das escolas públicas e suas comunidades nos finais de semana. A intenção é estreitar as relações entre escola e comunidade, contribuir com a consolidação de uma Cultura de Paz. O programa é resultado de parceria entre o Ministério da Educação e secretarias estaduais e municipais de educação." Ver: <http://portal.mec.gov.br/index.php?option=com_content&view=article&id=12 367&Itemid=817>.

Secretaria de Estado de Segurança Pública
Polícia Civil
- Atender e registrar as ocorrências de crimes ou de atos infracionais no interior da escola e nas suas adjacências, por crianças e adolescentes, ou por adultos (quando envolver de alguma forma a escola), dando-lhes conclusão em tempo hábil.
- Coordenar as investigações dos atos contrários à lei que lhes forem noticiados.
- Promover, por meio da Academia de Polícia Civil, palestras e debates sobre temas como "drogas" e outros que atendam a este programa.
- Promover "mutirões" para emissão de documentos de identidade dos alunos nas unidades escolares, em parceria com a Secretaria de Educação.
- Zelar pela resposta às demandas oriundas das unidades escolares.

Polícia Militar
- Desenvolver o Programa Educacional de Resistência à Violência e às Drogas, objetivando conscientizar as crianças dos malefícios das drogas e da violência.
- Zelar pela resposta às demandas oriundas das unidades escolares.

Batalhão Escolar
- Realizar a segurança das escolas por meio do policiamento ostensivo e operações, as quais:
  - Operação escola livre: consiste na revista, com detectores de metais, na entrada da escola, e visa apreender e reprimir o uso de armas de fogo e inibir, pela presença da Polícia Militar na escola, a ocorrência de outros tipos de ilícitos.
  - Operação varredura: consiste na revista aos alunos, com

detectores de metais, no interior das salas de aulas, com o mesmo objetivo da operação anterior.

- Operação bloqueio escolar: consiste em uma busca geral em locais de concentração de pessoas no perímetro escolar, como bares, lanchonetes e veículos.
- Operação blitz escolar: representa o conjunto formado pelas três ações citadas anteriormente, simultaneamente.
- Zelar pela resposta às demandas oriundas das unidades escolares.

Corpo de Bombeiros
- Vistoriar se as condições mínimas de segurança contra incêndio e pânico das edificações estão garantidas, orientando quanto às necessárias modificações arquitetônicas.
- Promover orientação e treinamento quanto a programas de segurança (evacuação de ambiente, comportamento em situações de pânico, identificação de rotas de fuga etc.).
- Zelar pela resposta às demandas oriundas das unidades escolares.

Secretaria de Estado de Desenvolvimento Social e Trabalho
- Por meio do Centro de Desenvolvimento Social, vinculado à Secretaria de Ação Social:
    - Cadastrar famílias e incluí-las em planos sociais desenvolvidos pelo governo;
    - Orientar as famílias sobre os programas existentes nos Governos Estadual e Federal objetivando sua inscrição;
    - Avaliar situações sociais envolvendo famílias da comunidade escolar;
    - Realizar o acompanhamento do cumprimento das medidas socioeducativas aplicadas ao adolescente autor de ato infracional.

- Encaminhar as crianças e jovens usuários de drogas a instituições legalmente constituídas para o devido tratamento de recuperação.
- Zelar pela resposta às demandas oriundas das unidades escolares.

Secretaria de Estado de Saúde
- Criar uma rede de atendimento às vítimas de violência escolar, abuso sexual, dependência química etc.

Administrações Regionais
- Realizar a fiscalização de estabelecimentos comerciais que vendem bebida alcoólica ou possuem máquinas de jogo dentro do perímetro escolar, fazendo cumprir a legislação específica.
- Realizar projetos de iluminação nas áreas próximas à escola, em tempo hábil.
- Realizar obras de recapeamento asfáltico, de pavimentação asfáltica, de colocação de meios-fios e drenagem pluvial; implantação de calçadas e plantio de grama; implantação e recuperação de bocas de lobo; implantação e recuperação de quadras poliesportivas da comunidade; melhoria de estações de energia elétrica; melhoria dos pontos de ônibus, entre outros.
- Zelar pela resposta às demandas oriundas das unidades escolares.

Conselhos Tutelares
- Executar as atribuições definidas no artigo 136 do Estatuto da Criança e do Adolescente.
- Zelar pela resposta às demandas oriundas das unidades escolares.

B. Ministério Público – Promotoria da Infância e Juventude e Promotoria de Defesa da Educação ou similar

- Zelar pela manutenção e garantia da qualidade de ensino, tutelando os direitos difusos, coletivos, sociais e individuais indisponíveis, relativos à educação.
- Promover a interação do MPE com órgãos e entidades públicas e privadas, objetivando a integração de esforços no combate à violência escolar em todas as suas manifestações.
- Criar e implementar os Conselhos de Segurança Escolar em parceria com as demais instituições.
- Contribuir na capacitação dos envolvidos com a Política de Redução da Violência e Promoção da Cultura de Paz.
- Zelar pela resposta às demandas oriundas das unidades escolares.

C. Tribunal de Justiça – Vara da Infância e da Juventude

- Promover a interação da Vara da Infância e da Juventude com órgãos e entidades públicas e privadas, objetivando a integração de esforços no combate à violência escolar em todas as suas manifestações.
- Desenvolver ações conjuntas ou simultâneas, promover cursos e palestras, no âmbito do Poder Judiciário ou fora dele.
- Contribuir na capacitação dos envolvidos com a Política de Redução da Violência e Promoção da Cultura de Paz.
- Apoiar, por meio do corpo de Comissários de Menores e corpo técnico, as ações necessárias para a efetividade da Política de Redução da Violência e da Promoção da Cultura de Paz.

D. Grupos universitários que estudem o tema com a ótica da intervenção na realidade

- Acompanhar e avaliar as Políticas de Redução da Violência Escolar e Promoção da Cultura de Paz, por meio dos processos e resultados das suas diversas linhas de ação.

- Definir em conjunto com a Secretaria de Educação do Distrito Federal as ações de capacitação de pessoal, destinada aos educadores e aos diversos parceiros envolvidos.
- Coordenar as ações de capacitação de pessoal e executar ações selecionadas.
- Rever e dar continuidade ao curso de extensão sobre Juventude e Direitos Humanos, destinado, com diferentes modalidades, ao Batalhão Escolar da Polícia Militar e a outros atores do sistema de ensino.

Sugestões de acervo bibliográfico nas instituições de ensino

ABRAMOVAY, M. e Rua, M. *Violência nas Escolas*. Brasília: UNESCO, Coordenação DST/AIDS do Ministério da Saúde, Secretaria de Estado dos Direitos Humanos do Ministério da Justiça, CNPq, Instituto Ayrton Senna, UNIAIDS, Banco Mundial, USAID, Fundação Ford, CONSED, UNDIME, 2002.

ABRAMOVAY, M. e Castro, M. *Drogas nas Escolas: versão resumida*. Brasília: UNESCO, Rede Pitágoras, 2005.

CALLADO, C. V. *Educação para a Paz: promovendo valores humanos na escola através da educação física e dos jogos cooperativos*. Santos/SP: Editora Projeto Cooperação Ltda, 2004.

FANTE, C. *Fenômeno Bullying: Como prevenir a violência nas escolas e educar para a paz*. Campinas/SP: Verus Editora, 2005.

JARES, X. R. *Educação para a Paz: sua teoria e prática* (2ª ed). Porto Alegre: Artmed, 2002.

ORTEGA, R. e Rey R. Del. *Estratégias Educativas para a Prevenção da Violência*. Brasília: UNESCO, UCB, Observatório de Violências nas Escolas, 2002.

PERRENOUD, P. *Escola e Cidadania: O papel da escola na formação para a democracia*. Porto Alegre: Artmed, 2005.

SHELB, G. Z. *Violência e Criminalidade Infantojuvenil: intervenções e encaminhamentos*. Brasília: (ed. do autor), 2004.

UNESCO. *Aprender a viver juntos: será que fracassamos?* Brasília: UNESCO, IBE, 2003.

5.3. Curso de mediação do conflito escolar

São muitas as possíveis propostas de curso para a mediação escolar. São muitas as possíveis intenções desses cursos: alunos mediadores, professores mediadores, pais mediadores, implantação da técnica de mediação genericamente, implementação da cultura de mediação etc. Acompanhamos Torrego (2001) em sua proposta geral de curso a ser realizado entre 16 e 20 horas de trabalho e propomos:

Módulo I – Apresentação e introdução ao tema mediação: objetivos, conteúdos, atividades, materiais, dinâmicas.

Módulo II – O conflito e seus elementos formadores. O conflito na escola.

Módulo III – A mediação. Habilidades para uma mediação eficaz.

Módulo IV – A mediação escolar e seus atores: alunos, professores, diretores e pais.

Módulo V – Como formar alunos e professores mediadores. A implantação da cultura de mediação na escola.

Módulo VI – Questões que ficam:
- Conflitos não mediáveis.
- Diferença de poder entre as partes. O diretor pode ser mediador?
- Como fazer mediação entre aluno/professor, professor/professor, professor/diretor, escola/comunidade?
- Como formar a cultura de mediação de conflito na escola contemporânea ?
- Como a mediação de conflito pode ser inserida como aprendizagem na escola? Onde? Quando?
- Como formar a cultura de mediação de conflito na escola de forma que possa se alastrar pela sociedade?

CRONOGRAMA DE INSTALAÇÃO DO PROGRAMA PARA UMA REDE DE ENSINO — *Ações estratégicas do programa*

LANÇAMENTO	AÇÕES	1° MOMENTO	AVALIAÇÃO		
			2° MOMENTO	3° MOMENTO	4° MOMENTO
Seminário de Sensibilização sobre o Programa de Mediação de Conflito e Redução da Violência na escola*	Avaliação da violência na escola	Grupo de trabalho para propor questões norteadoras	Cada grande escola inicia sua avaliação	Cada escola média inicia sua avaliação	Cada pequena escola inicia sua avaliação
	PAS na Escola – Plano de Ação de Segurança na Escola [Plano de Ação de crise]	Grupo piloto de diretores e professores para preparar itens mínimos	Cada grande escola inicia a discussão de seu PAS na Escola e seu plano de crise	Cada média escola inicia a discussão de seu PAS na Escola e seu plano de crise	Cada pequena escola inicia a discussão de seu PAS na Escola e seu plano de crise
	Reformulação dos prédios escolares para torná-los seguros [Tecnologia de Segurança na escola]	Grupo de arquitetos, engenheiros e professores para iniciar propostas	Os projetos de reforma e manutenção das escolas municipais começam a ser vistos sob esta nova ótica – Prédios Seguros.		
	Adequação dos currículos escolares para o tema violência	Sensibilização com orientadores pedagógicos	Treinamento dos professores do 1° grupo de disciplinas envolvidas	Início das atividades pedagógicas e treinamento para o 2° grupo de disciplinas	Início das atividades para o 2° grupo de disciplinas
	Mediação de conflitos	Sensibilização com diretores e supervisores (curso) Diretores identificam professores com perfil adequado	Curso de 40 horas para mediadores de conflito na escola (permanente)	Implantação nas escolas em sequência estrategicamente indicada, com acompanhamento de grupo externo para avaliação de processo	
	Grupo multidisciplinar de acompanhamento de ações estruturado e sediado na Secretaria de Educação				

* Pode ser o lançamento do PAS na Escola e discussão dos temas "Origem do conflito e da violência escolar" e "Como se lida com o conflito e com a violência na escola".

Bibliografia citada

ALCAIDE, Stella M.; RAVENNA, Analía E; GUALA, María Del C. *Mediacion em La escuela: convivir y aprender*. Rosário (Argentina): Homo Sapiens Ediciones, 2001.

ALDENUCCI, Lidercy P. *Contribuições da mediação na gestão de conflitos em organizações de ensino*. Florianópolis: 2001. Dissertação de Mestrado em Engenharia de Produção. Universidade Federal de Santa Catarina.

AQUINO, Júlio Groppa. *A violência escolar e a crise de autoridade docente*. Cad. CEDES, v. 19, n. 47, Campinas, dez. 1998.

BELMAR, Alejandro M. *El juego de rol: rescurso metodológico para la resolución de conflictos escolares*. In Vinyamata, Eduard (coord.). Aprender del conflicto – conflictologia y educación Barcelona: Graó, 2003.

BOBBIO, Norberto. *O Futuro da Democracia*. São Paulo: Paz e Terra, 2000.

BRASLAVSKY, Cecilia (org.) *Aprender a viver juntos: educação para a integração da diversidade*. Tradução de José Ferreira. Brasília: UNESCO, IBE, SESI, UnB, 2002.

BRUNNER, José Joaquim. *Educação: Cenários de Futuro. Novas tecnologias e sociedade da informação*. Rio de Janeiro: PREAL, 2000.

BURGUET, Marta. *Ante el conflicto... una apuesta por la educacion*. In Vinyamata, Eduard (coord.). Aprender del conflicto – conflictolgia y educación. Barcelona: Editorial GRAÓ, 2003.

CABALLERO, Amparo. *Transformar los conflictos: una apuesta*. Tarbiya – Revista de Investigación e Innovación Educativa, Instituto de Ciencias de la Educación Universidd Autónoma de Madrid, n. 25, 2000, pp. 95-106.

CAMACHO, Luiza M. Y. *As sutilezas das faces da violência nas práticas escolares*. Educ. Pesq., v. 27, n. 1, São Paulo, jan/jun, 2001.

CAMPBELL, Jack (org.) *Construindo um futuro comum: educando para a integração na diversidade*. Brasília: UNESCO, 2002.

CARREIRA, Débora B. X. *Violência nas escolas: Qual o papel da gestão?* Brasília: 2005. Dissertação de Mestrado em Educação. Universidade Católica de Brasília.

CASAMAYOR, Gregório (coord.). *Cómo dar respuesta a los conflictos – La disciplina em la ensenanza secundária*. Barcelona: Editorial GRAÓ, 2002.

CHRISPINO, Alvaro. *Binóculo ou luneta: Os conceitos de política pública e ideologia e seus impactos na educação*. Revista Brasileira de Política e Administração da Educação. Brasília, n. 21-1 e 21-2, jan/dez. 2005b, pp. 61-90.

CHRISPINO, Alvaro. *Gestão do conflito escolar: da classificação dos conflitos aos modelos de mediação*. Ensaio: Avaliação e Políticas Públicas em Educação, Rio de Janeiro, v. 15, n. 54, jan/mar 2007, pp. 11-28. Disponível em: <http://www.scielo.br/scielo.php?script=sci_arttext&pid=S0104-40362007000100002&lng=pt&nrm=iso>.

CHRISPINO, Alvaro. *Proibição do Fumo: decisão pessoal ou social? Simulação educativa de um caso CTS sobre a saúde*. 2005a. Revista eletrônica da OEI. Disponível em: <http://www.oei.es/salactsi/alvaro.pdf>.

CHRISPINO, Alvaro; CHRISPINO, Raquel S. P. *Políticas educacionais de redução da violência: Mediação do conflito escolar*. São Paulo: Editora Biruta, 2002, 1ª edição.

CHRISPINO, Alvaro; DUSI, Miriam L. H. M. *Uma proposta de modelagem de política pública para a redução da violência escolar e promoção da Cultura da Paz*. Ensaio: aval. pol. públ. Educ., vol. 16, n. 61, dez. 2008, pp. 597-624.

COSER, Lewis A. "Conflito". In Outhwaite, William et alii. *Dicionário do Pensamento Social do Século XX*. Rio de Janeiro: Jorge Zahar Editor, 1996.

DEBARBIEUX, Eric; BLAYA, Catherine (orgs.) *Violência nas escolas: Dez abordagens europeias*. Brasília: UNESCO, 2002.

DELORS, Jacques. *Educação: Um tesouro a descobrir*. Relatório para a UNESCO da Comissão Internacional sobre Educação para o século XXI. São Paulo: Cortez; Brasília; MEC, UNESCO, 1998.

DROR, Yehezkel. *A Capacidade de Governar*. São Paulo: Fundap, 1999.

DUFFY, Karen Grover et al. *La mediación y sus contextos de aplicacion – una introducion para professonales e investigadores*. Barcelona: Paidós, 1996.

DUSI, Miriam L. H. M. *A Construção da Cultura de Paz no Contexto da Instituição Escolar*. Dissertação de Mestrado, Universidade de Brasília, 2006.

DUSI, M.; Araújo, C.; NEVES, M. *Cultura da Paz e Psicologia Escolar no Contexto da Instituição Educativa*. Psicologia Escolar e Educacional, v. 9-1, 2005, pp. 135-145.

ESTEVE, José M. "Mudanças sociais e função docente". In Nóvoa, Antonio (org.) *Profissão Professor*. Porto: Porto Editora, 1995.

FERNANDES, Kátia T. *O conceito de violência escolar na perspectiva dos discentes*. Dissertação de Mestrado em Educação. Universidade Católica de Brasília, 2006.

FROTA e SILVA, Paulo Sérgio. "Ato infracional praticado no ambiente e as medidas sócio-educativas". In Konsen, Afonso Armando et al (coord.). *Pela Justiça na Educação*. Brasília: MEC, FUNDESCOLA, 2000.

GAUSTAD, Joan. *Los fundamentos de la seguridad escolar*. ERIC Digest 132, University of Oregon, nov. 1999.

GIRARD, Kathryn; KOCH, Susan J. *Resolucion de conflictos en las escuelas*. Barcelona: Granica, 1997.

GOMES, C. *Dos Valores Proclamados aos Valores Vividos*. Brasília: UNESCO, 2001.

GOMES, C. *Violências escolares: implicações para a gestão e o currículo*. Ensaio: aval. pol. públ. Educ., 2010.

GONZÁLEZ, Luis Flores. *El sentido de la educación y las transformaciones antropológicas del mundo moderno – Primera aproximación al fenómeno de la violencia en el contexto escolar*. Pensamiento Educativo, vol. 28, Santiago del Chile, jul. 2001.

GUIMARÃES, A. M. "Indisciplina e violência: ambiguidade dos conflitos na escola". In Aquino, J. G. (org.). *Indisciplina na escola: alternativas teóricas e práticas*. São Paulo: Summus, 1996.

HEREDIA, Ramón A. S. de. "Enfoque global de la escuela como marco de aplicaciona de los programas de resolución de conflitos". In Bradoni, Florencia (compiladora). *Mediación Escolar*. Buenos Aires: Paidos, 1999

HEREDIA, Ramón A. S. de. "Resolución de conflictos en la escuela". In *Ensayos y Experiencias*. Buenos Aires, ano 4, n. 24, jul/ago 1998, pp. 44-65.

ITANI, Alice. *A violência no imaginário dos agentes educativos*. Cad. CEDES, v. 19, n. 47, Campinas, dez. 1998.

IUNGMAN, Silvia. *La mediación escolar*. Buenos Aires: Lugar Editorial, 1998.

JOHNSON, David W.; JOHNSON, Roger T. *Como reducir la violencia en las escuelas*. Buenos Aires: Paidós, 2004.

KMITTA, Daniel. "Pasado y futuro de la evaluacion e los programas de resolución de conflitos escolares". In Bradoni, Florencia (compiladora). *Mediación Escolar*. Buenos Aires: Paidos, 1999.

MARTINEZ ZAMPA, Daniel. *Mediación educativa y resolucion de conflictos: modelos de implementacion*. Buenos Aires: Edicones Novedades Educativas, 2005.

MÍGUEZ, Daniel (comp.). *Violencias y conflictos en las escuelas*. Buenos Aires: Paidós, 2008.

MOORE, Christopher W. *O processo de mediação: Estratégias práticas para a resolução de conflitos*. Porto Alegre: ARTMED, 1998

MURGUÍA, Beatriz Martinez de. *Mediación y resolucion de conflitos*. Barcelona: Paidós, 1999.

NEBOT, Joaquim R. "Violencia y conflicto en los ámbitos educativos". In *Ensayos y Experiencias*. Buenos Aires, ano 7, n. 35, sep/oct 2000, pp. 77-85.

OLIVEIRA, Maria das G. P.; GOMES, Candido A. *Como os docentes veem valores e violências escolares no ensino médio*. In RBPAE, v. 20, n. 1, jan/jun 2004, pp. 45-70.

OLIVEIRA, Maria das Graças P. *Percepção de valores nas escolas pelos docentes de ensino médio*. Dissertação de Mestrado em Educação. Universidade Católica de Brasília, 2003.

OLIVEIRA, Rosilene B. L. *Significações de violências na perspectiva de professores que trabalham em escolas "violentas"*. Dissertação de Mestrado em Educação. Universidade Católica de Brasília, 2004.

ONU. Declaração e Programa de Ação sobre uma Cultura de Paz. Resolução aprovada por Assembléia Geral em 06 de outubro de 1999, nº 53/243. Original: *Declaración y Programa de Acción sobre una Cultura de Paz*. Ver <http://www.onu.org>.

ORTEGA, Rosário; DEL REY, Rosário. *Estratégias educativas para a prevenção da violência*. Brasília: UNESCO, UCB, 2002.

OYANARTE, Marta. "Los nuevos paradigmnas y la mediacion". In Gottheil, Julio e Schiffrin, Adriana (org.) *Mediacióan: transformación en la cultura*. Argentina: Paidós, 1996.

PASQUINO, Gianfrancesco. "Conflito". In Bobbio, Norberto *et alii. Dicionário de Política*. Brasília: UnB, 1997.

PORRO, Barbara. *La resolucion de conflictos en el aula*. Buenos Aires: Paidós, 2004.

PRAWDA, Ana. *Mediación escolar sin mediadores*. Buenos Aires: Bonum, 2008.

REDORTA, Joseph. *Cómo analizar los conflictos – La tipologia de conflictos como herramienta de mediación*. Barcelona: Edicones Paidós Ibérica SA, 2004.

RIBEIRO, Raimunda M. da C. *Significações da violência escolar na perspectiva dos alunos*. Dissertação de Mestrado em Educação. Universidade Católica de Brasília, 2004.

SALES, Lilia M. de M. *Mediação de conflitos – Família, Escola e Comunidade*. Florianópolis: Conceito Editorial, 2007.

SCHNEIDER, Tod. *Colegios más seguros a través del diseño de medioambiente*. ERIC Digest 144, University of Oregon, jan, 2001a.

SCHNEIDER, Tod. *Tecnologias más nuevas para seguridad escolar*. ERIC Digest 145, University of Oregon, fev. 2001b.

SCHVARSTEIN, Leonardo. "Diseño de un programa de mediación escolar". In *Ensayos y Experiencias*. Buenos Aires, ano 4, n. 24, jul/ago 1998, pp. 20-35.

SCHWERTER, A. Miriam L. e LOPEZ, Maria P. F. Boletin Investig. Educ. 16, Fac. de Educação, Santiago do Chile, 2001.

SERPA, Maria de Nazareth. *Teoria e Prática da Mediação de Conflito*. Rio de Janeiro: Lumen Juris, 1999.

SERRANO SARMIENTO, Ángela; IBORRA MARMOLEJO, Isabel. *Violencia entre compañeros en la escuela*. Serie Documento 9. Centro Reina Sofía para el Estudio de la Violencia. España, 2005. Disponível em: <http://www.centroreinasofia.es/informes/Violencia_entre_compa%C3%B1eros_en_la_escuela.pdf>, acesso em 22/09/2008.

SILVA, Maria Nadurce da. *Escola e comunidade juntas contra a violência escolar: diagnóstico e esboço de plano de intervenção.* Dissertação de Mestrado em Educação. Universidade Católica de Brasília, 2004.

SIX, Jean-François. *Dinâmica de la mediación.* Barcelona: Paidós, 1997.

SLICK, Michael V. e STERN, Marilyn. "La resolución de conflicto en marcos educativos: evaluación del impacto de los programas de mediación paritários". In Duffy, Karen Grover et al. *La mediación y sus contextos de aplicacion – una introducción para professonales e investigadores.* Barcelona: Paidós, 1996

SPOSITO, Marília Pontes. *Um breve balanço da pesquisa sobre violência escolar no Brasil.* Educ. Pesq., v. 27, n. 1, São Paulo, jan/jun 2001.

TAVARES DOS SANTOS, José Vicente. *A Violência na escola: Conflitualidade social e ações civilizatórias.* Educ. Pesq., v. 27, n. 1, São Paulo, jan/jun 2001.

TORREGO, Juan Carlos. *Mediación de conflitos en instituiciones educativas.* Madrid: Narcea, 2001.

UNESCO. *Aprender a viver juntos: será que fracassamos?* Brasília: UNESCO, IBE, 2003.

VALE, Creusa M. R. *Violência simbólica e rendimento escolar.* Dissertação de Mestrado em Educação. Universidade Católica de Brasília, 2004.

VINYAMATA, Eduard. *Compreender El conflicto y atuar educativamente.* In Vinyamata, Eduard (coord.). Aprender del conflicto – conflictolgia y educación. Barcelona: Editorial GRAÓ, 2003.

VINYAMATA CAMP, Eduard. *Aprender mediación.* Barcelona: Paidós Ibérica, 2003.

VISCARDI, Nília. "Violência no espaço escolar e crise do Estado do Bem-Estar. Considerações para o caso do Uruguai". In Silva, Luiz Heron da. (org.). *Século XXI: Qual conhecimento? Qual currículo?* Petrópolis: Vozes, 1999.

WALKER, Dean. *Prevencion de la violencia en las escuelas.* ERIC Digest 94, University of Oregon, jun. 1995.

WALZER, Michael. *Tratado sobre la Tolerancia.* Barcelona: Paidós, 1998.

ZALUAR, Alba. "A globalização do crime e os limites da explicação local". In Velho, G. e Alvito, M. *Cidadania e violência.* Rio de Janeiro: UFRJ, FGV, 1996.